I0698542

CREATIVIDAD Y DESARROLLO ARTÍSTICO

DAVID SANDUA

Creatividad y desarrollo artístico.

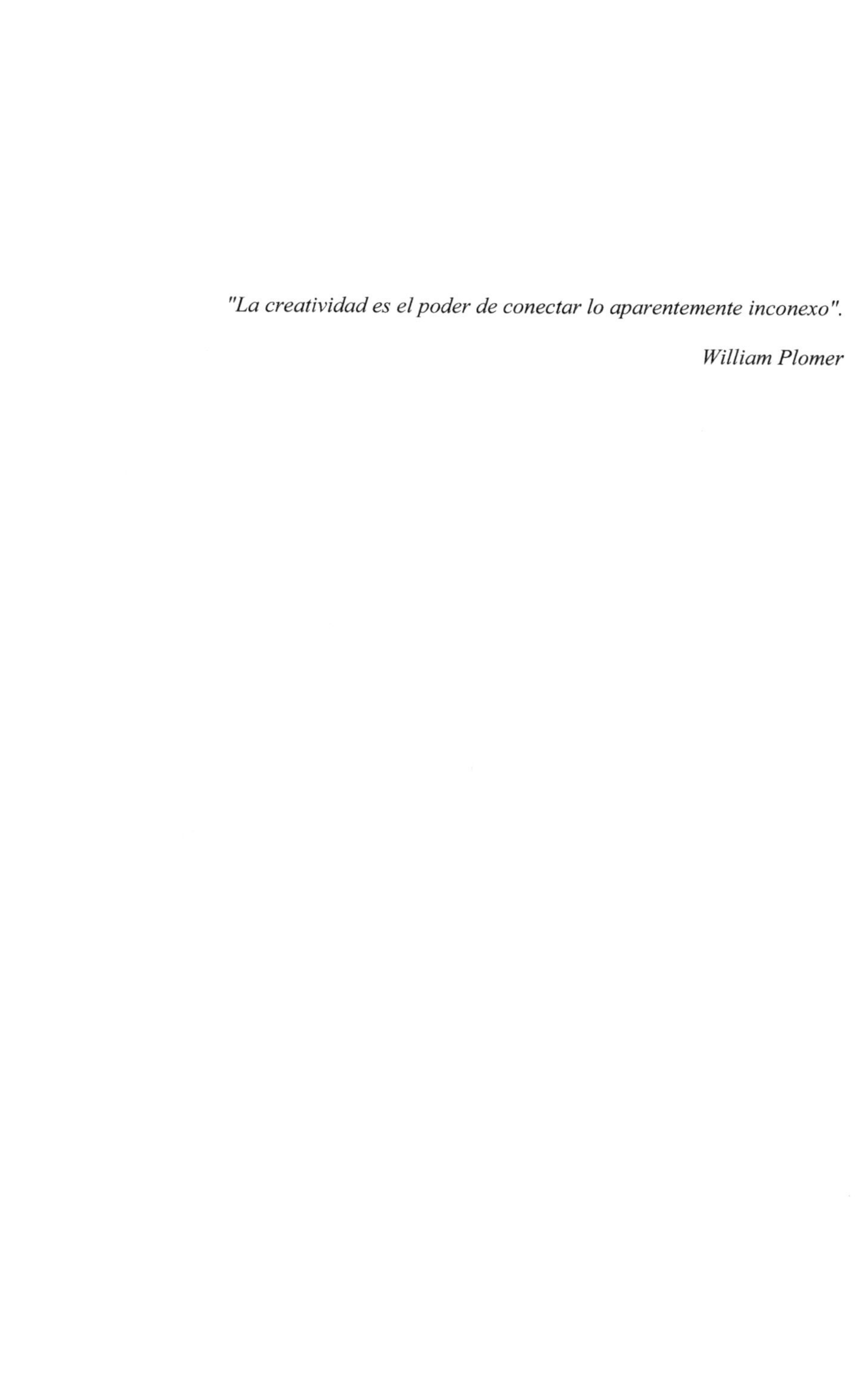

"La creatividad es el poder de conectar lo aparentemente inconexo".

William Plomer

ÍNDICE

I. INTRODUCCIÓN 9
   DEFINICIÓN DE CREATIVIDAD Y DESARROLLO ARTÍSTICO 13
   FOMENTAR LA CREATIVIDAD Y LAS HABILIDADES ARTÍSTICAS 17
   DECLARACIÓN DE TESIS 21

II. CRECIMIENTO PERSONAL 27
   POTENCIAR LA AUTOEXPRESIÓN Y EL AUTODESCUBRIMIENTO 31
   ACTIVIDADES ARTÍSTICAS COMO MEDIO DE AUTOEXPRESIÓN 35
   LA EXPLORACIÓN ARTÍSTICA CONDUCE AL AUTODESCUBRIMIENTO 39
   AUMENTAR LA CONFIANZA EN UNO MISMO Y LA AUTOESTIMA 43
   RETROALIMENTACIÓN POSITIVA Y RECONOCIMIENTO DE LOS LOGROS ARTÍSTICOS 47
   SUPERAR LOS RETOS Y DESARROLLAR LA RESILIENCIA A TRAVÉS DE LOS ESFUERZOS ARTÍSTICOS 51

III. DESARROLLO COGNITIVO 57
   MEJORAR EL PENSAMIENTO CRÍTICO Y LA CAPACIDAD DE RESOLVER PROBLEMAS 61
   ACTIVIDADES ARTÍSTICAS QUE REQUIEREN ANÁLISIS Y TOMA DE DECISIONES 65
   LA RESOLUCIÓN DE PROBLEMAS ARTÍSTICOS COMO HABILIDAD TRANSFERIBLE 69
   ESTIMULAR LA IMAGINACIÓN Y LA CREATIVIDAD 73
   ACTIVIDADES ARTÍSTICAS QUE FOMENTEN EL PENSAMIENTO IMAGINATIVO 75
   EL PENSAMIENTO CREATIVO COMO CATALIZADOR DE LA INNOVACIÓN Y EL PROGRESO 79

IV. PROGRESO DE LA SOCIEDAD 85
   PROMOVER LA DIVERSIDAD CULTURAL Y LA INCLUSIÓN 89
   LA EXPRESIÓN ARTÍSTICA COMO REFLEJO DE LAS DIVERSAS CULTURAS 93
   FOMENTAR LAS HABILIDADES ARTÍSTICAS PARA SALVAR LAS DIFERENCIAS CULTURALES 97
   FOMENTAR LA EMPATÍA Y LA COMPRENSIÓN 101
   EXPERIENCIAS ARTÍSTICAS QUE FOMENTEN LA EMPATÍA HACIA LOS DEMÁS 105
   EL ARTE COMO MEDIO PARA EL COMENTARIO SOCIAL Y EL CAMBIO 109

V. PRIMERA INFANCIA 115
   EXPOSICIÓN TEMPRANA A LA CREATIVIDAD Y AL ARTE 119
   LA PRIMERA INFANCIA COMO PERIODO CRÍTICO PARA EL DESARROLLO DEL CEREBRO 123
   ACTIVIDADES ARTÍSTICAS QUE FOMENTAN LA MOTRICIDAD FINA Y LA COORDINACIÓN 127
   FOMENTAR EL APRENDIZAJE BASADO EN EL JUEGO Y LA IMAGINACIÓN 131
   EL JUEGO COMO BASE DE LA CREATIVIDAD Y EL DESARROLLO ARTÍSTICO 135
   EL JUEGO IMAGINATIVO FOMENTA EL CRECIMIENTO COGNITIVO Y EMOCIONAL 139

VI. EDAD ESCOLAR 145
   INTEGRAR LAS ARTES EN EL PLAN DE ESTUDIOS 149
   BENEFICIOS DE LA EDUCACIÓN ARTÍSTICA EN EL RENDIMIENTO ACADÉMICO 153
   ACTIVIDADES ARTÍSTICAS QUE MEJORAN LA EXPERIENCIA GLOBAL DE APRENDIZAJE 157
   FOMENTAR EL AMOR POR LAS ARTES MEDIANTE LA EXPOSICIÓN 161
   EXCURSIONES A MUSEOS, TEATROS Y GALERÍAS 165
   ARTISTAS E INTÉRPRETES QUE INSPIRAN A LOS ESTUDIANTES 167

VII. ADOLESCENCIA 173
   OFRECER OPORTUNIDADES DE AUTOEXPRESIÓN 177
   LAS SALIDAS ARTÍSTICAS COMO MEDIO DE LIBERACIÓN EMOCIONAL 181
   COMUNIDADES ARTÍSTICAS QUE FOMENTAN EL SENTIMIENTO DE PERTENENCIA 185

DESARROLLAR EL PENSAMIENTO CRÍTICO Y LA CREATIVIDAD...189
FOMENTAR LA EXPERIMENTACIÓN Y LA ASUNCIÓN DE RIESGOS EN EL ARTE................................193
LAS ACTIVIDADES ARTÍSTICAS COMO FORMA DE EXPLORAR LA IDENTIDAD PERSONAL 197

VIII. LA EDAD ADULTA...**203**
FOMENTAR EL APRENDIZAJE PERMANENTE Y EL CRECIMIENTO PERSONAL 207
AFICIONES ARTÍSTICAS COMO FUENTE DE REALIZACIÓN Y RELAJACIÓN 211
EDUCACIÓN PERMANENTE EN LAS ARTES PARA EL DESARROLLO PERSONAL 215
PROMOVER LA CREATIVIDAD EN ENTORNOS PROFESIONALES 219
BENEFICIOS DE LA CREATIVIDAD EN LA RESOLUCIÓN DE PROBLEMAS Y LA INNOVACIÓN 223
LAS HABILIDADES ARTÍSTICAS COMO UN ACTIVO VALIOSO EN DIVERSAS CARRERAS...................227

IX. LA TERCERA EDAD **233**
PROMOVER EL ENVEJECIMIENTO ACTIVO MEDIANTE EL COMPROMISO ARTÍSTICO.....................237
LAS ACTIVIDADES ARTÍSTICAS MEJORAN LA FUNCIÓN COGNITIVA DE LAS PERSONAS MAYORES241
LAS ACTIVIDADES ARTÍSTICAS MEJORAN EL BIENESTAR GENERAL Y LA CALIDAD DE VIDA 245
FOMENTAR LAS COLABORACIONES ARTÍSTICAS INTERGENERACIONALES......................................249
SALVANDO LAS DISTANCIAS GENERACIONALES MEDIANTE EXPERIENCIAS ARTÍSTICAS
COMPARTIDAS...253
LOS MAYORES COMO MENTORES Y MODELOS PARA LAS GENERACIONES MÁS JÓVENES.............257

X. CONCLUSIÓN...**263**
LA IMPORTANCIA DE FOMENTAR LA CREATIVIDAD Y EL DESARROLLO ARTÍSTICO EN TODAS LAS
EDADES 265
REFORMULACIÓN DE LA TESIS 267
LA SOCIEDAD DEBE PRIORIZAR Y APOYAR EL CRECIMIENTO ARTÍSTICO Y LA CREATIVIDAD EN
TODAS LAS ETAPAS DE LA VIDA 269

BIBLIOGRAFÍA..**271**

I. INTRODUCCIÓN

La creatividad desempeña un papel fundamental en el desarrollo de las habilidades artísticas de una persona, independientemente de la edad que tenga. A una edad temprana, los niños suelen participar en diversas actividades creativas que fomentan su imitatividad y abren su mente a nuevas posibilidades. A medida que los individuos crecen y entran en el reino de la vida académica y profesional, la creatividad tiende a quedar relegada a un segundo plano, y se hace más hincapié en la adquisición de conocimientos y en el cumplimiento de la norma establecida. Es imperativo que reconozcamos y promovamos la importancia de alimentar la creatividad y el desarrollo artístico en todas las etapas de la vida. Al hacerlo, no sólo permitimos que los individuos se expresen con autenticidad, sino que también fomentamos un sentido de invención y realización personal que se traslada a diversos aspectos de la vida. Este ensayo pretende explorar la grandeza de fomentar la creatividad y el desarrollo de las habilidades artísticas en todas las edades, reconociendo su valor en el crecimiento personal, el desarrollo cognitivo y el bienestar general. Pretende desacreditar la creencia de que la creatividad se limita a determinados grupos de edad o a un ámbito específico, defendiendo la voluntad de crear espacios inclusivos que fomenten la creatividad para todos. Mediante un examen de investigación y ejemplos de diversos campos, este ensayo arrojará luz sobre el poder transformador de la creatividad y su capacidad para enriquecer la vida de las personas y la sociedad en su conjunto. Al debatir el beneficio potencial y el reto asociado al fomento de la creatividad en diferentes grupos de edad, este ensayo presentará una perspectiva global de la cuestión y proporcionará una visión a las personas, los educadores y los responsables políticos sobre cómo apoyar y fomentar eficazmente la creatividad en el desarrollo artístico. La creatividad es la base del crecimiento personal, ya que permite a los individuos explorar su perspectiva única y superar los límites de su capacidad. Desde una edad temprana, el niño se dedica a correr con la imaginación, sin restricciones ni normas sociales. Esta carrera sin restricciones permite al niño desarrollar su creatividad, permitiéndole pensar fuera de la esquina y experimentar con ideas poco convencionales. A medida que los individuos progresan en el sistema educativo, el enfoque suele desplazarse hacia la conformidad y la adquisición de conocimientos, dejando poco espacio para la manifestación creativa. En consecuencia, los individuos pueden encontrarse desconectados de su creatividad interior, lo que conduce a una sensación de plenitud y a un crecimiento personal sofocado. Al animar y fomentar la creatividad a todas las edades, se da a los individuos la oportunidad de volver a conectar con su yo creativo, lo que permite el desarrollo personal y una sensación de plenitud en su vida. Alimentar la creatividad y las habilidades artísticas a lo largo de las distintas etapas de la vida es esencial para el desarrollo cognitivo. Numerosos estudios han demostrado que participar en actividades creativas estimula diversas áreas de la psique, lo que conduce a una mejora de la capacidad cognitiva, como la resolución de problemas, el pensamiento crítico y el mantenimiento del recuerdo. Una investigación realizada por el Dr. Aaron R. Sat en la Universidad de California, en la ribera del río, demuestra que los individuos que participan en actividades de dibujo y pintura muestran un mayor conocimiento espacial y atención a lo particular. Estos beneficios cognitivos no se limitan a grupos de edad concretos, sino que se extienden a lo largo de toda la vida. Fomentar la creatividad y el desarrollo artístico puede contribuir a la función cognitiva y al bienestar mental general a cualquier edad. Fomentar la creatividad y el desarrollo artístico en un ámbito más amplio puede tener un efecto positivo en la sociedad en su conjunto. A medida que individuos con distintos antecedentes y perspectivas se involucran en esfuerzos creativos, aportan ideas innovadoras y soluciones a los retos de la sociedad. Esto puede observarse en diversos ámbitos, como la ingeniería, la clientela y las humanidades. El diseño poco convencional de la renombrada arquitecta Zara Hadid ha revolucionado el ámbito de la arquitectura, mostrando el poder transformador de la creatividad. Al fomentar la creatividad y el desarrollo artístico en todas las edades, promovemos una sociedad que evoluciona constantemente y se adapta a las necesidades y demandas cambiantes del mundo. Fomentar la creatividad y el desarrollo de las habilidades artísticas en todas las edades tiene un inmenso valor para el crecimiento personal, el desarrollo cognitivo y la progresión de la sociedad. Al reconocer la importancia de la creatividad y proporcionar espacios inclusivos para su perfeccionamiento, se capacita a las personas para que se expresen con autenticidad y aprovechen todo su potencial. Ya sea participando en actividades artísticas o integrando el pensamiento creativo en diversas disciplinas, los beneficios de fomentar la creatividad son de gran alcance e impacto. Es imperativo que las personas, los educadores y los responsables políticos reconozcan esta grandeza y den el paso necesario para crear un entorno que fomente la creatividad y el desarrollo artístico en todas las etapas de la vida. Al hacerlo, podremos desbloquear el poder transformador de la creatividad y refrenar sus posibilidades para el bienestar personal y social.

DEFINICIÓN DE CREATIVIDAD Y DESARROLLO ARTÍSTICO

La creatividad es un concepto polifacético que puede definirse de varias maneras. Según el psicólogo Robert E. Frankel, la creatividad se refiere al poder de producir algo que es a la vez novedoso y valioso (Frankel, 1994) . En otras palabras, la creatividad implica la generación de ideas o soluciones que sean originales y tengan algún tipo de mérito práctico o estético. Definir la creatividad únicamente en términos de baratija y valor puede ser demasiado restrictivo. En el ámbito de la psicología, algunos investigadores sostienen que la creatividad también debe considerarse un poder cognitivo que implica la combinación, recombinación y transmutación de ideas existentes (Sternberg, 2003) . Esta perspectiva de la creatividad hace hincapié en la grandeza de pensar fuera de la esquina, establecer conexiones entre conceptos aparentemente no relacionados y participar en el pensamiento divergente. El desarrollo artístico, por otra parte, se refiere específicamente al crecimiento y perfeccionamiento de las habilidades y destrezas artísticas. Mientras que la creatividad se centra en el procedimiento de generar nuevas ideas, el desarrollo artístico se concentra en la adquisición y perfeccionamiento de habilidades técnicas en una forma artística concreta. Implica aprender el principio fundamental del dibujo, la pintura, la escultura, la escritura y otras formas de expresión artística. A medida que los individuos progresan en su desarrollo artístico, se vuelven más competentes en su elección intermedia y adquieren una comprensión más profunda de la técnica, los conceptos y la tradición que sustentan su operación.

El desarrollo de la creatividad y las habilidades artísticas es importante a todas las edades porque potencia el desarrollo cognitivo, emocional, social y académico. Para los niños, participar en actividades artísticas les proporciona un programa de autoexpresión, imitación y exploración. Mediante el dibujo, la pintura y la narración, el niño puede comunicar su pensamiento, sus sentimientos y sus experiencias de forma no verbal. Esto no sólo les ayuda a desarrollar su capacidad expresiva, sino que también les permite adquirir un sentido de individualidad y confianza en sí mismos. Las actividades artísticas animan al niño a pensar de forma creativa, a resolver problemas y a tener un pensamiento crítico, que son habilidades esenciales para tener éxito en la escuela y más adelante en la vida (Eisenkraft, 2003). El desarrollo artístico no se limita a la puerilidad; continúa durante la adolescencia y la madurez. Durante esta etapa, los individuos tienen la oportunidad de perfeccionar sus habilidades artísticas y explorar sus posibilidades creativas. Participar en actividades artísticas puede servir como generador de tensión, autorreflexión y crecimiento personal. Permite a los individuos canalizar sus emociones, expresar sus perspectivas únicas y relacionarse con el mundo que les rodea. La práctica artística, como pintar, escribir o tocar un instrumento musical, puede convertirse en una válvula de escape para la autoexpresión, la atención plena y el autocuidado. Además, promover la creatividad y el desarrollo artístico en la escuela y la comunidad puede tener un beneficio social más amplio. Las actividades artísticas pueden fomentar el sentido de comunidad, la comprensión cultural y la empatía. Mediante un proyecto de colaboración y un enfoque interdisciplinar, personas de distintos orígenes pueden reunirse para intercambiar ideas, producir una narrativa compartida y desafiar las normas sociales. La enseñanza del arte puede ayudar a desarrollar la próxima generación de innovadores, emprendedores y solucionadores de problemas. Alimentando la creatividad y las habilidades artísticas, podemos cultivar individuos capaces de pensar críticamente, adaptarse al cambio y encontrar soluciones innovadoras a problemas complejos. La creatividad y el desarrollo artístico son conceptos estrechamente entrelazados que contribuyen al desarrollo cognitivo, emocional, social y académico. La creatividad implica la generación de ideas novedosas y valiosas, mientras que el desarrollo artístico se centra en la adquisición y el perfeccionamiento de habilidades técnicas en una forma artística concreta. Fomentar la creatividad y el desarrollo artístico a todas las edades crea oportunidades de autoexpresión, crecimiento personal y construcción de la comunidad. Dota a los individuos de habilidades y mentalidades esenciales que son relevantes en diversos ámbitos de la vida. Al reconocer el valor de la creatividad y el desarrollo artístico, podemos fomentar una comunidad que adopte perspectivas diversas, valore la imitación y la invención, y promueva la prosperidad humana.

FOMENTAR LA CREATIVIDAD Y LAS HABILIDADES ARTÍSTICAS

Una de las principales razones por las que es importante fomentar la creatividad y las habilidades artísticas es porque promueve la individualidad y la autoexpresión. En una sociedad que a menudo valora la conformidad y la adhesión a la norma social, fomentar la creatividad permite a los individuos pensar con originalidad y expresarse de forma única y significativa. Cuando se anima a los individuos a explorar su vertiente creativa, es más probable que tengan un sentimiento de posesión y se feliciten por lo que crean. Esto puede aumentar su autoestima y confianza, al ver que valoran su propia idea y expresión artística. Fomentar la creatividad y las habilidades artísticas también puede conducir al desarrollo de la capacidad para resolver problemas. Participar en un proceso creativo refuerza la capacidad de las personas para pensar críticamente, analizar situaciones y encontrar soluciones innovadoras. Cuando se enfrentan a un obstáculo o a un reto, las personas con aptitudes artísticas son más propensas a abordar el problema con una mentalidad abierta y a pensar de forma creativa para encontrar una solución. Esto puede ser especialmente valioso en el ámbito académico y profesional, donde se busca mucho la capacidad de pensar de forma creativa y original. Además, la creatividad y las habilidades artísticas también tienen un impacto positivo en la salud mental y el bienestar. Participar en actividades creativas, como pintar, escribir o tocar un instrumento, proporciona a las personas una vía de autoexpresión y publicación emocional. Esto puede ser especialmente terapéutico para quienes sufren tensión, ansiedad u otro problema de salud mental. La expresión artística permite a las personas canalizar sus emociones y pensamientos en una forma tangible, lo que contribuye al proceso de autorreflexión y autodescubrimiento. Se ha demostrado que participar en actividades creativas reduce el nivel de tensión y aumenta la sensación de felicidad y plenitud. El acto de crear puede ser un procedimiento agradable y envolvente que permite a los individuos entrar en una mancomunidad de fluidez, en la que el tiempo parece pasar volando y todas las preocupaciones y el estrés se olvidan momentáneamente. Esto puede tener un profundo impacto en el bienestar general y el calibre de vida de cada uno. La creatividad y las habilidades artísticas son cruciales para el desarrollo de la innovación y el progreso de la sociedad. Muchos de los mayores inventos y avances del mundo han surgido de la mente creativa de individuos que se atrevieron a pensar de forma diferente. Fomentar la creatividad y las habilidades artísticas a todas las edades alimenta una mentalidad de curiosidad, exploración y experimentación. Fomenta una civilización en la que se aceptan las ideas originales y en la que los individuos están capacitados para desafiar el statu quo y superar los límites de lo posible. En un mundo cada vez más complejo y rápidamente cambiante, la capacidad de pensar creativamente y adaptarse a las nuevas circunstancias es crucial. Fomentando la creatividad y las habilidades artísticas, podemos desarrollar individuos que no sólo sean capaces de adaptarse al reto de lo venidero, sino también de darle forma. No se puede subestimar la grandeza de fomentar la creatividad y las habilidades artísticas. Fomenta la individualidad y la autoexpresión, desarrolla la capacidad de resolver problemas, mejora la salud mental y el bienestar, e impulsa la innovación y el progreso de la sociedad. Fomentando la creatividad a todas las edades, podemos crear una sociedad que valore la originalidad, la curiosidad y el pensamiento innovador. Es a través de la expresión creativa como podemos liberar todo el potencial de las personas y capacitarlas para que tengan un impacto positivo en el mundo.

DECLARACIÓN DE TESIS

Fomentar la creatividad y el desarrollo de las habilidades artísticas a todas las edades es crucial para el progreso de la sociedad. La expresión artística tiene el poder de desafiar las normas existentes y traspasar los límites, lo que conduce al cambio social y al progreso. A lo largo de la historia, los artistas han desempeñado un papel importante en la configuración del mundo en que vivimos hoy. Desde la Renacimiento hasta la Nueva Época, artistas como Leonardo da Vinci, Vincent Van Gogh y Pablo Picasso han desafiado las convenciones sociales, revolucionando el modo en que percibimos y experimentamos el arte. El arte se ha convertido en un intermediario a través del cual se sacan a la luz importantes cuestiones sociales y políticas, dando lugar a una mayor conciencia y diálogo entre los individuos. A través de diversas formas artísticas como la pintura, la escultura, la iluminación, la eufonía y el cine, los artistas tienen la capacidad única de comunicar ideas y perspectivas que de otro modo podrían pasarse por alto o ignorarse. La campaña de desagravio cívico en el país fusionado se vio muy influida por la expresión artística de los artistas afroamericanos, que utilizaron su arte para arrojar luz sobre la injusticia racial y exigir una reparación equitativa. Este arte tuvo un profundo efecto en la sociedad, suscitando conversaciones e impulsando la actividad. Al fomentar la creatividad y el desarrollo artístico a todas las edades, proporcionamos a las personas la herramienta y la oportunidad de contribuir al progreso de la sociedad. La expresión artística fomenta la empatía y la comprensión, caracteres esenciales para una sociedad floreciente y armoniosa. A través del arte, las personas se exponen a culturas, perspectivas y experiencias diferentes, fomentando un mayor sentido de empatía y admiración por la variedad. El arte tiene el poder de trascender las palabras y la barrera cultural, permitiendo a los individuos conectar y relacionarse entre sí a un nivel profundamente emocional. Mediante la exploración y la innovación del arte, los individuos desarrollan la capacidad de ponerse en el lugar de los demás, lo que puede conducir a una comunidad más compasiva e integradora. Se ha demostrado que la terapia artística es eficaz para fomentar el bienestar emocional y aumentar la empatía entre las personas con problemas o lesiones mentales. Al fomentar la creatividad y las habilidades artísticas, apoyamos el desarrollo de la empatía, la comprensión y la compasión, componentes esenciales de una sociedad próspera y armoniosa. Además, las habilidades de pensamiento creativo y de resolución de problemas son muy solicitadas en el complejo y rápidamente cambiante mundo actual. El desarrollo artístico cultiva estas habilidades, ya que implica pensar fuera de la esquina y encontrar soluciones innovadoras a los problemas. La creatividad no se limita a las humanidades; cada vez se reconoce más como un valioso plus en diversos campos, como la habilidad, la ingeniería y las matemáticas (stanch) . De hecho, muchos descubrimientos científicos e invenciones revolucionarias han sido realizados por individuos que poseen una mentalidad creativa. Fomentando la creatividad y el desarrollo artístico a todas las edades, nutrimos a las próximas coevoluciones de innovadores y solucionadores de problemas, equipándolas con las habilidades esenciales necesarias para afrontar el reto del futuro. El pensamiento creativo fomenta la adaptabilidad y la resiliencia, permitiendo a los individuos navegar con eficacia y adaptarse al cambio. En un mundo en constante evolución, la capacidad de pensar de forma creativa y abordar los problemas desde distintos ángulos tiene un valor incalculable. Fomentar la creatividad y el desarrollo de las habilidades artísticas a todas las edades es crucial para el crecimiento personal, el desarrollo cognitivo y el progreso de la sociedad. La expresión artística permite a las personas explorar su pasión, desarrollar su voz única y obtener una sensación de realización y objetivo. Mejora la capacidad cognitiva, promueve el bienestar emocional y mental, y fomenta la autoexpresión y la confianza en uno mismo. El arte tiene el poder de desafiar las normas sociales, fomentar la empatía y la comprensión, y contribuir al cambio y al progreso social. Al fomentar la creatividad y el desarrollo artístico, fortalecemos la capacidad individual y colectiva, alimentamos la progresión de la cognición y la comprensión, y construimos una sociedad más vibrante e inclusiva. Fomentar la creatividad y el desarrollo de las habilidades artísticas a todas las edades no sólo es beneficioso para el crecimiento personal, sino también para el bienestar general de las personas y de la sociedad en su conjunto. En el mundo actual, acelerado e impulsado por la tecnología, nunca se insistirá lo suficiente en la grandeza de la creatividad. La creatividad permite a los individuos pensar fuera de la esquina, introducirse y resolver problemas con eficacia. Fomenta un sentimiento de imitación y rareza, empujando los límites y desafiando las convenciones. Al desarrollar habilidades artísticas, los individuos son capaces de expresarse de forma única y significativa, transmitiendo su pensamiento y emoción a través de diversas formas de arte como la pintura, la eufonía, la danza y la escritura. A una edad temprana, fomentar la creatividad puede ayudar a los niños a desarrollar habilidades críticas que les beneficiarán a lo largo de su vida. Al participar en actividades creativas como pintar, dibujar o tocar un instrumento musical, los niños aprenden a pensar de forma creativa, a resolver problemas y a expresarse. Estas habilidades no se limitan al ámbito del arte, sino que son aplicables en diversos campos, como la habilidad, las matemáticas y el espíritu empresarial. Una encuesta publicada en el diario de Psicología Educativa descubrió que la participación temprana en actividades relacionadas con las artes estaba asociada a un mayor rendimiento académico y a una mayor probabilidad de asistir a la universidad. La encuesta sugiere que el desarrollo de habilidades artísticas puede potenciar la capacidad cognitiva, mejorar la ejecución académica y fomentar la pasión por aprender. Fomentar la creatividad y el desarrollo artístico no debe limitarse a la puerilidad. De hecho, es igualmente importante seguir fomentando estas habilidades a lo largo de la adolescencia y la madurez. A medida que los individuos se hacen mayores, participar en actividades creativas puede proporcionar una salida para la autoexpresión, reducir el estrés y mejorar el bienestar general. El procedimiento creativo permite a los individuos desconectar de la exigencia de la vida cotidiana y sumergirse en una actividad que aporta deleite y gratificación. Ya sea pintando, escribiendo o bailando, el procedimiento de crear algo nuevo y único puede ser terapéutico y fortalecedor, lo que se traduce en una mejora del bienestar mental y un aumento de la confianza en uno mismo. Además del desarrollo personal, fomentar la creatividad y el desarrollo artístico a todas las edades tiene un beneficio social más amplio. La expresión artística permite a los individuos comunicar su experiencia, idea y perspectiva con los demás, fomentando la empatía y la comprensión. El arte tiene la fuerza de evocar emociones, reafirmar creencias y vigorizar alteraciones. Se ha utilizado a lo largo de la crónica como forma de disidencia, medio de dar voz a la comunidad marginada y vehículo de transmutación social y política. Al fomentar la creatividad y el desarrollo artístico a todas las edades, creamos una sociedad más inclusiva y culturalmente diversa que valora y celebra la expresión individual. La creatividad y el desarrollo artístico también pueden contribuir al crecimiento económico y a la innovación. En el siglo XXI, la creatividad y la innovación son aptitudes muy buscadas en el mercado de tareas. Según un estudio realizado por Adobe, el 78% de los profesionales creen que la creatividad es crucial para el crecimiento económico. El poder de pensar de forma creativa, resolver problemas complejos y adaptarse a nuevos retos es esencial en una economía global competitiva y en rápida evolución. Al fomentar la creatividad y el desarrollo artístico, cultivamos una mano de obra adaptable, innovadora y capaz de impulsar el crecimiento económico y el avance tecnológico. El desarrollo de las habilidades artísticas y el impulso de la creatividad a todas las edades son vitales para el crecimiento personal, el bienestar y el desarrollo de la sociedad. Desde una edad temprana, participar en actividades creativas puede ayudar a los niños a desarrollar habilidades críticas que trascienden el ámbito del arte. A lo largo de la adolescencia y la madurez, cultivar estas habilidades puede proporcionar una salida para la autoexpresión, reducir el estrés y mejorar el bienestar general. No se

puede exagerar el beneficio cultural y económico de la creatividad y el desarrollo artístico. Promoviendo la creatividad y el
desarrollo artístico, creamos una sociedad que valora la expresión individual, fomenta la empatía, inspira la innovación y promueve el crecimiento económico.

II. CRECIMIENTO PERSONAL

El crecimiento personal es un procedimiento que dura toda la vida y que permite al individuo desarrollarse y evolucionar en diversos aspectos de su vida. Abarca el crecimiento físico, intelectual, emocional y espiritual, así como el desarrollo de la propia creatividad y las habilidades artísticas. Fomentar la creatividad y el desarrollo artístico a todas las edades es crucial para promover el crecimiento personal y puede tener un profundo efecto en la vida de las personas. Participar en actividades creativas y artísticas proporciona a los individuos una válvula de escape para expresarse y explorar su pensamiento y emoción interiores. Esta autoexpresión no sólo permite una comprensión más profunda de uno mismo, sino que también promueve el crecimiento personal al fomentar la confianza en uno mismo y el conocimiento de uno mismo. A través de los esfuerzos creativos, los individuos tienen la oportunidad de mostrar su perspectiva, idea y talento únicos, lo que puede conducir a una sensación de realización y objetivo. El desarrollo de las habilidades artísticas requiere que los individuos enseñen y mejoren continuamente su destreza. Este procedimiento de aprendizaje y superación cultiva una mentalidad de crecimiento, en la que los individuos están dispuestos a asumir riesgos, a aceptar retos y a buscar comentarios para mejorar aún más sus habilidades. Al hacerlo, los individuos desarrollan un sentido de resiliencia, tenacidad y adaptabilidad, que son cualidades cruciales para el crecimiento personal en todos los ámbitos de la vida. Estas cualidades de la mentalidad de crecimiento son transferibles a diversos aspectos de la vida, como la enseñanza, la vocación y las relaciones, y pueden contribuir al logro y la realización generales. Además del crecimiento personal, fomentar la creatividad y el desarrollo artístico también beneficia totalmente a la sociedad. La expresión artística tiene la fuerza de desafiar las normas sociales, provocar el pensamiento crítico e inspirar el cambio social. Los artistas tienen el poder de crear obras que arrojen luz sobre problemas sociales acuciantes, concienciando y fomentando el diálogo. Al fomentar la creatividad y las habilidades artísticas, se capacita a las personas para contribuir a la mejora de la sociedad a través de su perspectiva única y su solución creativa. Apoyar la creatividad y el desarrollo artístico no sólo mejora el crecimiento personal, sino que también enriquece el tejido cultural y social de la comunidad. Es crucial fomentar la creatividad y el desarrollo de las habilidades artísticas a todas las edades. Por desgracia, la presión social y el hecho de centrarse en las materias académicas tradicionales a menudo disuaden a las personas de emprender iniciativas creativas. Esta mentalidad restrictiva puede obstaculizar el crecimiento personal y limitar las posibilidades de invención y creatividad. Es esencial que la institución educativa, los padres y la comunidad fomenten un entorno que valore y apoye la expresión creativa. Esto puede conseguirse integrando las humanidades y las actividades creativas en el currículo educativo, proporcionando la admisión a recursos artísticos y tutoría, y celebrando y reconociendo los logros artísticos. Es importante reconocer que la creatividad y el desarrollo artístico no se limitan a un grupo de edad específico. Aunque la capacidad creativa puede surgir de forma natural durante la puerilidad, nunca es demasiado tarde para cultivar y nutrir estas habilidades. De hecho, participar en actividades creativas más adelante en la vida puede tener profundos beneficios para el crecimiento personal. Los adultos mayores suelen experimentar una sensación de reverdecimiento, un aumento de la autoestima y una mejora de la capacidad cognitiva mediante la búsqueda artística. Estas actividades pueden proporcionar un sentido de objetivo y pertenencia, especialmente durante el periodo de transición, como el retiro o el síndrome del nido vacío. El crecimiento personal es un viaje que dura toda la vida y que abarca diversos aspectos de la vida de un individuo. Fomentar la creatividad y el desarrollo de habilidades artísticas a todas las edades es un componente crucial de este proceso. La exploración de la expresión creativa fomenta la autoconciencia, la confianza en uno mismo y la realización personal. El desarrollo de habilidades artísticas cultiva una mentalidad de crecimiento y dota a los individuos de cualidades vitales para el crecimiento personal y el logro. Apoyar la creatividad y el desarrollo artístico beneficia a la sociedad en su conjunto al promover el pensamiento crítico, el cambio social y el enriquecimiento cultural. Es imperativo crear un entorno que valore y apoye la creatividad, permitiendo a los individuos prosperar y alcanzar su máximo posible en todas las etapas de la vida.

POTENCIAR LA AUTOEXPRESIÓN Y EL AUTODESCUBRIMIENTO

A medida que las personas se adentran en su viaje por la vida, existe un deseo constante de autoexploración y autocomprensión. La expresión artística proporciona una vía única para que las personas comuniquen sus pensamientos, emociones y experiencias, permitiendo un profundo nivel de introspección. A través de diversas formas artísticas, como la pintura, la escritura o la danza, los individuos pueden acceder a sus pensamientos y sentimientos más íntimos, descubriendo aspectos de sí mismos que de otro modo podrían haber permanecido ocultos. El desarrollo artístico ofrece a los individuos la oportunidad de descubrir nuevos talentos y pasiones, fomentando el crecimiento y la realización personales. Una vía por la que la creatividad y el desarrollo artístico potencian la autoexpresión y el autodescubrimiento es proporcionando un espacio seguro y sin prejuicios para que las personas expresen su verdadero yo. En una sociedad que a menudo valora la conformidad e inhibe la autenticidad, muchos individuos pueden sentirse obligados a reprimir ciertos aspectos de su identidad. Mediante la expresión artística, los individuos pueden liberarse de las expectativas sociales y abrazar plenamente su singularidad. Pintura, Permite a los individuos crear un mundo gráfico e imaginativo sin restricciones, permitiéndoles expresar su deseo y sueño más profundos. Esta liberación permite a los individuos explorar diferentes aspectos de su personalidad y expresar componentes de sí mismos que pueden haber sido reprimidos o pasados por alto. La creatividad y el desarrollo artístico promueven que los individuos ahonden en la profundidad de sus emociones, ayudando al autodescubrimiento. El esfuerzo artístico, como la escritura o el maquillaje eufónico, puede proporcionar un medio de procesar emociones y experiencias complejas que pueden ser difíciles de articular por otros medios. Comportarse creando arte permite a los individuos exteriorizar su paisaje emocional interno, proporcionándoles una comprensión clara de sus propios pensamientos y sentimientos. Mediante la introspección y la contemplación de su Creación artística, los individuos pueden obtener una valiosa visión de su propia identidad, ayudándoles a navegar por las complejidades de sus vidas con una mayor conciencia de sí mismos. El desarrollo artístico ofrece a los individuos la oportunidad de descubrir nuevos talentos y pasiones que contribuyen a su crecimiento y realización generales. Participar en diversas prácticas artísticas permite a los individuos explorar distintas formas de arte y experimentar con diferentes técnicas. En este procedimiento de exploración, los individuos pueden tropezar con talentos y pasiones de los que antes no eran conscientes. Alguien que inicialmente empieza a pintar como una afición puede descubrir un talento oculto y desarrollar una pasión por ello, lo que, a su vez, puede conducir a una oportunidad potencial de vocación y a un profundo sentido de propósito. Este descubrimiento de nuevos talentos y pasiones no sólo mejora la autoestima, sino que también contribuye al crecimiento y desarrollo personales, ya que las personas siguen caminos que les aportan placer y satisfacción. Potenciar la autoexpresión y el autodescubrimiento mediante la creatividad y el desarrollo artístico es esencial para que las personas puedan llevar una vida auténtica y plena. Al proporcionar un espacio seguro para que los individuos expresen su verdadero yo, el arte permite la exploración y la fiesta del individualismo. El esfuerzo artístico puede facilitar la introspección, permitiendo a los individuos obtener una comprensión más profunda de sí mismos y de sus emociones. Este autodescubrimiento, a su vez, capacita a los individuos para navegar por las complejidades de sus vidas con mayor autoconciencia y autenticidad. El desarrollo artístico ofrece a los individuos la oportunidad de descubrir nuevos talentos y pasiones, contribuyendo al crecimiento personal y a un sentido de finalidad. Al fomentar la creatividad y el desarrollo de las habilidades artísticas a cualquier edad, las personas pueden liberar todo su potencial, fomentando una sociedad que valore y celebre la singularidad de cada individuo.

ACTIVIDADES ARTÍSTICAS COMO MEDIO DE AUTOEXPRESIÓN

Las actividades artísticas han sido reconocidas desde hace mucho tiempo como un poderoso medio de autoexpresión. Ya sea a través de las artes visuales, las artes escénicas o cualquier otra forma de expresión creativa, las personas pueden comunicar sus pensamientos, emociones e ideas de un modo profundamente personal y único. Participar en actividades artísticas permite a las personas acceder a sus pensamientos y sentimientos más íntimos, ofreciéndoles una plataforma para expresarse con autenticidad. Uno de los principales beneficios de las actividades artísticas como medio de autoexpresión es el poder de transmitir emociones y experiencias complejas que pueden ser difíciles de expresar sólo con palabras. A través de las artes visuales, las personas pueden crear imágenes que capten lo esencial de sus experiencias, permitiendo a los demás comprender su mundo interior. Del mismo modo, mediante la eufonía, los individuos pueden expresar sus emociones y experiencias a través del audio, evocando en los demás sentimientos que las palabras por sí solas no pueden transmitir. Al dar salida a estas emociones, las actividades artísticas pueden ayudar a las personas a comprender y procesar mejor sus propias experiencias, así como ayudar a los demás a comprender mejor la visión única del artista y a empatizar con ella. Las actividades artísticas también ofrecen a los individuos una sensación de agencia y control sobre sus propias narrativas. Cuando se dedican al arte, los individuos tienen el poder de dar forma y crear su propio realismo, libres de las restricciones y limitaciones del mundo exterior. Esto puede resultar especialmente fortalecedor para las personas que pueden sentirse privadas de derechos o marginadas en otros ámbitos de su vida. A través del arte, las personas pueden afirmar su propia identidad, desafiar las normas sociales y explorar formas alternativas de ser. Al proporcionar una plataforma para la autoexpresión, las actividades artísticas pueden ayudar a los individuos a reclamar y afirmar sus propias narrativas, fomentando un sentido de autorización y autorrealización. Las actividades artísticas pueden tener un impacto positivo en la salud mental y el bienestar. Se ha demostrado que participar en actividades artísticas reduce la tensión, la ansiedad y el desánimo, y fomenta una mayor sensación de bienestar. Al permitir a las personas canalizar sus emociones en un desahogo creativo, las actividades artísticas pueden proporcionar una forma sana y constructiva de afrontar y procesar las emociones difíciles. Crear arte puede ser una forma de autocuidado, que ofrece a los individuos un infinito para la autorreflexión, la relajación y el reverdecimiento. Las actividades artísticas también pueden fomentar un sentido de comunidad y vínculo, proporcionando a los individuos un sentimiento de pertenencia y apoyo. Para quienes luchan contra un problema de salud mental, participar en actividades artísticas puede ser una forma de interferencia terapéutica, que ayuda a mejorar el clima, aumentar la autoestima y promover el bienestar mental general. Las actividades artísticas ofrecen a los individuos un poderoso medio de autoexpresión. A través de las artes visuales, las artes escénicas y otras formas de expresión creativa, los individuos pueden comunicar sus pensamientos, emociones e ideas de un modo profundamente personal y único. Al proporcionar una plataforma para la autoexpresión, las actividades artísticas permiten a los individuos transmitir emociones y experiencias complejas, fomentan un sentido de agencia y control sobre sus propias narrativas, y tienen un impacto positivo en la salud mental y el bienestar. Por ello, es crucial fomentar y apoyar la creatividad y el desarrollo de habilidades artísticas a cualquier edad, reconociendo el beneficio fundamental que las actividades artísticas pueden tener en la vida de las personas.

LA EXPLORACIÓN ARTÍSTICA CONDUCE AL AUTODESCUBRIMIENTO

La exploración artística puede ser un viaje transformador que conduce a un profundo autodescubrimiento. Involucrarse en las artes permite a las personas explotar sus emociones internas, expresarse con autenticidad y adquirir una comprensión más profunda de su propia identidad. Al explorar diversas formas de arte, las personas tienen la oportunidad de desafiarse a sí mismas, superar sus límites y descubrir talentos y pasiones ocultos. A través de este proceso, pueden liberarse de las expectativas sociales y crear un espacio en el que puedan ser realmente ellos mismos. La exploración artística proporciona a los individuos un medio de autoexpresión que supera la limitación de la comunicación verbal. En el reino del arte, las emociones y la experiencia pueden transmitirse a través de diversos medios, como la pintura, la escultura o la ejecución. Esto permite a los individuos expresar sus pensamientos y sentimientos más íntimos de forma tangible y visible. Mediante la manifestación creativa, los individuos pueden descubrir una nueva palabra que les permita comunicar emociones que, de otro modo, sería difícil expresar con palabras. Esto puede ser especialmente liberador para quienes tienen dificultades para expresarse verbalmente, ya que les proporciona una vía de escape para comunicar sus pensamientos y emociones con mayor libertad. En el proceso de exploración artística, se anima a las personas a despojarse de la máscara que llevan en su vida cotidiana y a abrazar su verdadero yo. Las artes proporcionan un terreno fértil en el que los individuos pueden desafiar las expectativas sociales y explorar su individualismo sin temor a las opiniones. En este espacio, los individuos tienen la exención de expresar sus perspectivas, creencias y valores únicos. Al permitirse ser vulnerables y auténticos, los individuos pueden descubrir aspectos de su identidad de los que antes no eran conscientes. Este proceso de autodescubrimiento puede ser increíblemente fortalecedor, ya que las personas aprenden a abrazar y celebrar su verdadero yo. La exploración artística no sólo consiste en expresarse, sino también en superar los límites personales y descubrir talentos ocultos. Participar en diversas formas de arte permite a las personas salir de su zona de solaz y explorar nuevas técnicas, ideas y conceptos. Este proceso de exploración fomenta el crecimiento y el desarrollo personales, desafiando a las personas a pensar de forma diferente, arriesgarse y experimentar con nuevos enfoques. A través de esta exploración, los individuos pueden descubrir talentos y pasiones inesperados de los que antes no eran conscientes. Esto puede ser una sensación transformadora, ya que los individuos se dan cuenta de su potencial en áreas que nunca creyeron posibles. Empujar los límites personales en las artes también puede conducir al crecimiento personal y a una mayor sensación de confianza en uno mismo. El viaje de exploración artística no se limita a unos años o una fase concretos de la vida. Es un proceso que dura toda la vida, que puede perseguirse a cualquier edad y que puede seguir enriqueciendo la propia vida. Desde la puerilidad hasta la madurez tardía, el arte ofrece un medio para que las personas aprendan y descubran continuamente. Ya sea adoptando una nueva forma de arte o profundizando en la comprensión y la destreza de un intermedio específico, la exploración artística proporciona a los individuos un espacio para el crecimiento y el autodescubrimiento. Este viaje permite al individuo explotar su creatividad, adquirir nuevas perspectivas y desarrollar una comprensión más profunda de sí mismo y del mundo que le rodea. La exploración artística es un viaje transformador que conduce a un profundo autodescubrimiento. Al dedicarse a las artes, las personas pueden explotar sus emociones internas, expresarse con autenticidad y adquirir una comprensión más profunda de su propia identidad. La exploración artística permite a las personas desafiarse a sí mismas, superar sus límites y descubrir talentos y pasiones ocultos. A través de este proceso, las personas pueden liberarse de las expectativas sociales y crear un espacio en el que puedan ser realmente ellas mismas. Ya sea mediante la autoexpresión, la superación de los límites personales o el descubrimiento de talentos ocultos, la exploración artística proporciona al individuo un medio de autodescubrimiento que enriquece su vida a cualquier edad.

AUMENTAR LA CONFIANZA EN UNO MISMO Y LA AUTOESTIMA

Aumentar la confianza en uno mismo y la autoestima es otro aspecto importante de fomentar la creatividad y el desarrollo de las habilidades artísticas a cualquier edad. Participar en actividades creativas permite a las personas expresarse y expresar su perspectiva única. Este proceso no sólo fomenta un sentimiento de realización personal, sino que también ayuda a aumentar la confianza en uno mismo. Cuando una persona ve que su idea cobra vida a través del arte, aprecia más sus propias capacidades y talentos. Esta nueva confianza puede extenderse más allá del esfuerzo artístico e influir positivamente en otras áreas de su vida. Los estudiantes universitarios que participan en clases de arte o se comprometen en proyectos creativos pueden sentirse más seguros durante una presentación o un acto de oratoria. Las habilidades y la mentalidad adquiridas a través del desarrollo artístico pueden capacitar a las personas para asumir riesgos, aceptar retos y creer en su propia capacidad. Además de aumentar la confianza en uno mismo, las actividades creativas también pueden mejorar la autoestima. El esfuerzo artístico permite al individuo explorar su identidad única y expresarse con autenticidad. A través del arte, los individuos pueden descubrir y comunicar su pensamiento, emoción y experiencia de una forma que la frase por sí sola puede no ser suficiente. Este proceso no sólo refuerza el vínculo entre la psique y el torso, sino que también profundiza en la comprensión y adopción de uno mismo. Al participar en actividades creativas, los individuos pueden desarrollar un sentido más fuerte de sí mismos, lo que puede conducir a una mayor autoestima. Una forma en que la creatividad puede aumentar la confianza en uno mismo y la autoestima es mediante el proceso de superar los límites personales. La creatividad suele requerir que las personas salgan de su zona de solaz, asuman riesgos y se desafíen a sí mismas. Ya sea experimentando con material nuevo, explorando técnicas desconocidas o abordando temas complejos, las personas están constantemente ampliando el límite de sus capacidades artísticas. Al superar continuamente sus límites personales, los individuos no sólo desarrollan mayores habilidades artísticas, sino que también cultivan un sentido de resistencia y confianza en sus capacidades para superar obstáculos. Esto puede traducirse en otras áreas de su vida, en las que pueden estar más dispuestos a asumir riesgos, probar cosas nuevas y perseguir su pasión. El proceso de crear arte también permite a los individuos abrazar y celebrar su imperfección. En una comunidad que a menudo hace hincapié en la impecabilidad y la conformidad, participar en actividades creativas anima a los individuos a abrazar sus defectos y a apreciar lo asombroso de la imperfección. A través del arte, los individuos aprenden que el error y la imperfección no son un fracaso, sino una oportunidad para aumentar y mejorar. Este cambio de mentalidad puede tener un profundo efecto en la autoestima, ya que los individuos aprenden a aceptarse y quererse por lo que son, independientemente de las expectativas sociales. Las actividades creativas proporcionan a las personas un sentido de finalidad y realización. Involucrarse en el arte permite a las personas explotar sus talentos únicos y su pasión, proporcionándoles una sensación de sentido y de camino. Cuando una persona es capaz de expresarse plenamente a través del arte, puede experimentar una sensación de plenitud que repercute positivamente en su bienestar general. Este sentido de propósito también puede contribuir a aumentar la autoestima, ya que las personas reconocen el valor y el significado de su contribución creativa. Aumentar la confianza en uno mismo y la autoestima es un aspecto crucial del fomento de la creatividad y el desarrollo de las habilidades artísticas. Las actividades creativas proporcionan a los individuos un programa para expresarse con autenticidad y obtener una apreciación más profunda de sus propias capacidades y talentos. Superando los límites personales, aceptando la imperfección y encontrando un sentido de propósito y realización, los individuos pueden desarrollar un sentido más fuerte de sí mismos y cultivar un nivel más alto de autoconfianza y autoestima. Este carácter permite a los individuos afrontar retos, asumir riesgos y perseguir su pasión creativa con mayor confianza y decisión.

RETROALIMENTACIÓN POSITIVA Y RECONOCIMIENTO DE LOS LOGROS ARTÍSTICOS

A pesar de los numerosos beneficios que aportan los comentarios positivos y el reconocimiento de los logros artísticos, siguen existiendo algunas preocupaciones que deben abordarse. En primer lugar, es importante garantizar que el reconocimiento otorgado se base en el mérito y no simplemente en la popularidad o en las conexiones personales. En un mundo cada vez más competitivo, es crucial que se fomente el desarrollo artístico mediante un proceso justo y transparente. El reconocimiento debe otorgarse a los artistas que realmente lo merezcan, basándose en su dotación, su intento y su originalidad. Esto no sólo animará a los artistas a mejorar continuamente sus habilidades, sino que también inspirará a otros a esforzarse por alcanzar la excelencia. Otra preocupación es el posible efecto negativo sobre la autoestima y la motivación cuando el reconocimiento se convierte en el único enfoque de la búsqueda artística. Aunque los comentarios positivos y el reconocimiento son importantes para proporcionar una sensación de justificación y estímulo, no deben ser el único motor del desarrollo artístico. Hay que animar a los artistas a que creen por su pasión y su expresión artística, y no sólo para obtener reconocimiento o alabanzas. Esto garantizará que su creatividad siga siendo auténtica y única, en lugar de estar influida por expectativas o tendencias externas. Es esencial reconocer el sesgo y la subjetividad potenciales en el proceso de reconocimiento de los logros artísticos.

Cada persona puede tener gustos y preferencias diferentes en lo que se refiere al arte, y lo que a una persona le puede parecer excepcional, a otra no. Es importante reconocer y celebrar la diversidad de las expresiones artísticas, y no limitar el reconocimiento a un determinado estilo o género. Esto creará un entorno más inclusivo y solidario para los artistas de todos los orígenes y visiones artísticas. Es crucial ofrecer oportunidades para la crítica constructiva y la retroalimentación junto con el reconocimiento positivo. Aunque la retroalimentación positiva es esencial para aumentar la confianza en uno mismo y la motivación, la crítica constructiva puede desempeñar un papel vital en el aumento artístico. Al identificar áreas susceptibles de mejora y ofrecer orientación, los artistas pueden seguir desarrollando sus habilidades y perfeccionando su talento artístico. La combinación de reconocimiento positivo y crítica constructiva crea una obertura equilibrada que fomenta tanto la autoexpresión como el desarrollo artístico. Los comentarios positivos y el reconocimiento de los logros artísticos tienen muchas ventajas a la hora de fomentar la creatividad y el desarrollo artístico. Proporcionan fundamento, ánimo y motivación a los artistas, ayudándoles a superar los retos y a seguir persiguiendo su pasión. El reconocimiento también fomenta un sentimiento de felicitación y logro, que puede contribuir a aumentar la autoestima y la confianza. Es importante garantizar que el reconocimiento se basa en el mérito, y no en la popularidad o las conexiones personales, para mantener la franqueza y la transparencia. Hay que animar a los artistas a crear por su pasión y expresión artística, y no sólo por el reconocimiento o la alabanza. También debe reconocerse la posible parcialidad y subjetividad del proceso de reconocimiento de los logros artísticos, y debe hacerse un esfuerzo por celebrar la diversidad de las expresiones artísticas. Deberían ofrecerse oportunidades para la crítica constructiva y la retroalimentación junto con el reconocimiento positivo para apoyar el aumento y el desarrollo continuos de los artistas. Al alcanzar un equilibrio entre el reconocimiento positivo y la crítica constructiva, podemos crear un entorno que fomente la creatividad y el desarrollo de las habilidades artísticas a todas las edades.

SUPERAR LOS RETOS Y DESARROLLAR LA RESILIENCIA A TRAVÉS DE LOS ESFUERZOS ARTÍSTICOS

Los esfuerzos artísticos tienen la fuerza de ayudar a las personas a superar los retos y a desarrollar resiliencia. Participar en actividades creativas como pintar, escribir o tocar un instrumento puede proporcionar una salida para la autoexpresión y servir como forma de terapia. Al canalizar sus emociones y experiencias en el arte, las personas pueden procesar y dar sentido a situaciones difíciles de su vida. Quienes luchan contra problemas de bienestar mental pueden encontrar consuelo pintando o escribiendo para expresar sus sentimientos de forma no verbal. Los esfuerzos artísticos también pueden proporcionar una sensación de logro y aumentar la autoestima, ya que las personas ven cómo su trabajo cobra vida y reciben comentarios positivos de los demás. Esto puede ser especialmente alentador para las personas que se han enfrentado a reveses o dificultades. Al ver el resultado tangible de su esfuerzo, adquieren una renovada sensación de confianza y noción de su capacidad. El procedimiento de crear arte también requiere tenacidad y habilidad para resolver problemas. Los artistas suelen encontrarse con obstáculos y retos en el camino, como que un cuadro no salga como habían imaginado o enfrentarse al bloqueo de un autor. El acto de persistir a través de estos retos y encontrar una solución creativa para superarlos fomenta la resiliencia y la adaptabilidad. Este carácter es transferible a otros ámbitos de la vida, lo que permite a las personas enfrentarse a futuros retos con una mayor sensación de confianza y creatividad. Los esfuerzos artísticos también pueden fomentar el sentido de pertenencia y de comunidad. En un entorno de grupo, como una clase de arte o un taller de escritura, los individuos pueden conectar con personas de ideas afines que tienen una pasión y un interés similares. Este sentido de comunidad proporciona un esquema de apoyo que puede ayudar a los individuos a navegar a través de retos y contratiempos. Al compartir su trabajo y recibir comentarios de los demás, los individuos pueden obtener nuevas perspectivas y conocimientos, que pueden impulsar aún más su desarrollo artístico. Participar en actividades artísticas también puede cultivar la empatía y la comprensión. Crear arte implica a menudo ahondar en diferentes perspectivas y explorar diversas narrativas. Al explorar diferentes temas y asuntos en su trabajo creativo, los individuos pueden desarrollar una comprensión más profunda del sentir humano y de los retos a los que se enfrentan los demás. Esto puede conducir a una mayor empatía y piedad hacia los demás, fomentando un compañerismo más inclusivo y comprensivo. Participar en actividades artísticas también puede tener un efecto positivo en el bienestar general. Numerosos estudios han demostrado que participar en actividades creativas puede reducir la tensión, potenciar el clima y mejorar el bienestar psicológico general. El acto de crear puede ser profundamente terapéutico, ya que ayuda a las personas a relajarse, a centrarse en el minuto presente y a encontrar placer en el procedimiento. Tanto si se trata de perderse en el ritmo de tocar una herramienta como de sumergirse en el color y la textura de la pintura, los esfuerzos artísticos proporcionan a las personas una evasión muy necesaria de la exigencia y la presión de la vida cotidiana. Los esfuerzos artísticos tienen la capacidad de ayudar a las personas a superar retos y a desarrollar resiliencia. Al proporcionar una salida para la autoexpresión, aumentar la autoestima y fomentar el sentido de comunidad, las actividades artísticas pueden capacitar a las personas para afrontar las dificultades con creatividad y potencia. Participar en actividades artísticas puede cultivar la empatía, promover el crecimiento personal y mejorar el bienestar general. A cualquier edad y en cualquier etapa de la vida, la creatividad y el desarrollo artístico deben fomentarse y adoptarse como herramienta esencial para el crecimiento personal y la resiliencia. Fomentar la creatividad y el desarrollo de las habilidades artísticas a todas las edades tiene varios beneficios que pueden repercutir positivamente en las personas y en la sociedad en su conjunto. En primer lugar, participar en actividades creativas permite a las personas expresarse y expresar su visión única del mundo. Los esfuerzos artísticos dan salida a emociones, pensamientos y experiencias que, de otro modo, quedarían sin expresar o reprimidas. Este proceso de autoexpresión puede ser increíblemente catártico, lo que mejora el bienestar mental y reduce el nivel de tensión. La creatividad fomenta el autodescubrimiento y el aumento personal al promover la introspección y la contemplación. A través de la expresión artística, las personas pueden adquirir una comprensión más profunda de sí mismas y de su lugar en el mundo, lo que conduce a un aumento de la confianza en sí mismas y de la conciencia de sí mismas. El desarrollo de habilidades artísticas fomenta el pensamiento crítico y la capacidad de resolver problemas. Participar en una actividad creativa requiere que los individuos piensen más allá, exploren soluciones alternativas y asuman riesgos. Este proceso estimula la psique y mejora la función cognitiva, lo que conduce a una mejora de la capacidad para resolver problemas que puede aplicarse en diversos ámbitos de la vida. La creatividad anima a las personas a cuestionar las normas establecidas y a desafiar las convenciones sociales, fomentando una cultura de invención y progreso. El artista tiene el poder único de alterar el statu quo e introducir nuevas ideas y perspectivas, lo que conduce al cambio de paradigma social y al avance en diversos campos. Fomentar la creatividad también tiene beneficios sociales. Las humanidades tienen la fuerza de unir a la comunidad y fomentar la cohesión social. Los esfuerzos artísticos unen a las masas, fomentando la colaboración, la empatía y la comprensión. Ya sea asistiendo a una ejecución dramática, visitando un museo o participando en un diseño artístico comunitario, se da a los individuos la oportunidad de conectar con los demás y ocuparse del sentimiento humano colectivo. Este sentimiento de comunidad y medio compartido fomenta la resiliencia social y puede reforzar el vínculo entre individuos de diversos orígenes. Las humanidades contribuyen al ahorro generando empleo e impulsando el comercio local. Un escenario floreciente de humanidades atrae a los turistas, estimula los ingresos por turismo y mejora el calibre general de la vida de los residentes. Fomentar la creatividad y el desarrollo artístico a todas las edades es esencial para la conservación de la cultura y la herencia. El arte sirve de encapsulador del reloj, captando lo esencial de un punto concreto del reloj y reflejando el valor, la creencia y la experiencia de una comunidad o sociedad. Al fomentar la expresión artística, nos aseguramos de que nuestra cultura y nuestra crónica se conservan y celebran para las generaciones futuras. El arte proporciona un programa para que la voz de los marginados sea escuchada y representada, permitiendo una sociedad más inclusiva y diversa. La creatividad desempeña un papel crucial en la enseñanza y los logros académicos. El esquema tradicional de enseñanza suele dar prioridad al pensamiento lineal y a la concordancia, descuidando la grandeza del pensamiento creativo. La investigación ha demostrado que incorporar la creatividad al plan de estudios mejora la participación, la motivación y la ejecución general de los alumnos. La actividad creativa fomenta el aprendizaje práctico, el pensamiento crítico y la capacidad de resolver problemas. La enseñanza del arte se ha relacionado con la mejora de las capacidades cognitivas, como la mejora del recuerdo, el puente de atención y las noticias espaciales. Alimentando la creatividad y las habilidades artísticas de los alumnos, podemos crear un entorno de aprendizaje más dinámico y holístico que fomente la pasión por aprender y anime a los alumnos a alcanzar su máximo potencial. Fomentar la creatividad y el desarrollo de las habilidades artísticas a todas las edades no sólo es gratificante personalmente, sino también beneficioso para la sociedad en su conjunto. Proporcionando a las personas la oportunidad de expresarse, fomentando el pensamiento crítico y la capacidad de resolver problemas, promoviendo la cohesión social, preservando la cultura y la herencia, y mejorando la enseñanza, podemos aprovechar la fuerza transformadora de la creatividad para crear una sociedad más vibrante, inclusiva y resistente. Es imperativo que reconozcamos y demos prioridad a la valoración de la creatividad en todas sus formas y nos aseguremos de que se cultiva y apoya activamente en nuestra comunidad.

III. DESARROLLO COGNITIVO

El desarrollo cognitivo se refiere al crecimiento y transmutación de las capacidades y procesos mentales de un individuo a lo largo de su vida. Incluye el desarrollo de las capacidades de percepción, atención, memoria, lenguaje, resolución de problemas y razonamiento. La creatividad y el desarrollo artístico desempeñan un papel crucial en la mejora del desarrollo cognitivo en individuos de todas las edades. La investigación ha demostrado que la participación en actividades creativas y el desarrollo de habilidades artísticas pueden mejorar las capacidades cognitivas. Cuando los individuos se dedican a actividades artísticas, como pintar, dibujar o tocar un instrumento musical, tienen que utilizar sus habilidades perceptivas y centrífugas para crear algo visualmente atractivo o producir un audio melodioso. Este proceso de crear arte estimula la psique y ayuda a desarrollar y perfeccionar estas habilidades. Los individuos necesitan prestar atención a los detalles, tomar decisiones y resolver problemas mientras se dedican a tareas artísticas. Este proceso cognitivo no sólo contribuye al desarrollo de las habilidades artísticas, sino que también mejora las capacidades cognitivas generales. El desarrollo artístico fomenta el crecimiento de la memoria y las habilidades lingüísticas. Cuando las personas participan en actividades como contar historias, escribir o memorizar guiones para representaciones teatrales, están ejercitando activamente sus capacidades de memoria y lenguaje. Crear y recordar narraciones o líneas, comprender la construcción y la sintaxis de las frases y utilizar un vocabulario apropiado requieren un esfuerzo cognitivo. Participando constantemente en actividades artísticas, las personas pueden reforzar su memoria y sus habilidades lingüísticas, que son componentes vitales del desarrollo cognitivo. El desarrollo artístico fomenta el pensamiento crítico y creativo. Cuando los individuos se dedican a actividades artísticas, a menudo se les exige que piensen críticamente sobre diversos aspectos. El pintor tiene que pensar críticamente sobre la colocación del color y las líneas, el músico tiene que pensar en la armonización de distintas notas y el actor tiene que pensar en representar la emoción con autenticidad. Este proceso de pensamiento crítico ayuda a mejorar las habilidades de resolución de problemas y razonamiento. El desarrollo artístico anima a los individuos a pensar de forma creativa, a explorar nuevas ideas y a desafiar el pensamiento convencional. Al fomentar la creatividad y el desarrollo artístico, los individuos no sólo amplían sus capacidades cognitivas, sino que también desarrollan las habilidades necesarias para pensar de forma crítica y creativa en otros ámbitos de su vida. Es importante señalar que el desarrollo cognitivo no se limita a un grupo de edad específico. Si bien es cierto que las capacidades cognitivas se desarrollan rápidamente durante la infancia y la adolescencia, el crecimiento cognitivo continúa durante toda la madurez e incluso en la vejez. Es crucial fomentar la creatividad y el desarrollo artístico a todas las edades para maximizar las posibilidades cognitivas. La investigación ha demostrado que participar en actividades artísticas y fomentar la creatividad puede tener un efecto positivo en el funcionamiento cognitivo de las personas mayores. Los estudios han demostrado que la participación en actividades como pintar, bailar o tocar un instrumento musical puede mejorar la atención, la memoria y la capacidad de resolver problemas en el adulto mayor. Estos hallazgos sugieren que el beneficio del desarrollo artístico sobre el funcionamiento cognitivo se extiende mucho más allá de la infancia y la adolescencia. El desarrollo cognitivo es un proceso que dura toda la vida y que puede mejorarse mediante la creatividad y el desarrollo artístico. Participar en actividades artísticas y desarrollar habilidades artísticas no sólo estimula la psique, sino que también fomenta el crecimiento y la mejora de las capacidades de percepción, atención, memoria, lenguaje, resolución de problemas y razonamiento. El desarrollo artístico fomenta el pensamiento crítico y creativo, que son habilidades valiosas en diversos ámbitos de la vida. Es crucial fomentar la creatividad y el desarrollo de las habilidades artísticas a todas las edades, ya que esto puede contribuir significativamente al desarrollo cognitivo y al bienestar general del individuo.

MEJORAR EL PENSAMIENTO CRÍTICO Y LA CAPACIDAD DE RESOLVER PROBLEMAS

El pensamiento crítico implica analizar información, evaluar argumentos y tomar decisiones con conocimiento de causa. Es una habilidad muy valorada en el trabajo y puede conducir a un mayor logro en la propia vocación. El pensamiento crítico es esencial para navegar y comprender el mundo complejo y diverso en el que vivimos. Al fomentar la creatividad y el desarrollo de las habilidades artísticas, las personas pueden reforzar su capacidad de pensamiento crítico. Las actividades artísticas, como pintar, escribir y tocar un instrumento, exigen que los individuos piensen críticamente y resuelvan problemas. Al pintar una fotografía, un individuo debe analizar cómo interactúan entre sí el color y la forma, evaluar la composición y el equilibrio del arte, y tomar decisiones sobre cómo representar mejor su tema. Estas habilidades se transfieren a otras áreas de la vida, ayudando a las personas a abordar los problemas con una mentalidad más analítica y estratégica. El desarrollo artístico también puede fomentar las habilidades de resolución de problemas. Cuando se dedican a actividades creativas, los individuos se enfrentan a menudo a retos que les obligan a pensar más allá y a encontrar soluciones innovadoras. Al escribir un cuento, un individuo puede encontrarse con un diagrama que hay que resolver. Esto les obliga a realizar una lluvia de ideas diferentes, evaluar la consecuencia de cada alternativa y, en última instancia, elegir la solución más eficaz. El proceso de desarrollo artístico anima a los individuos a abordar los problemas con una mente abierta y a considerar múltiples perspectivas. Esto puede conducir a una mayor facilidad de pensamiento y a la capacidad de adaptarse a situaciones nuevas e inesperadas. El desarrollo artístico puede potenciar el pensamiento crítico y la capacidad de resolver problemas, fomentando el sentido de la curiosidad y la indagación. Participar en actividades creativas anima a los individuos a explorar diferentes ideas, hacer preguntas y buscar respuestas. Esta mentalidad de curiosidad e indagación es fundamental para el pensamiento crítico, ya que anima a los individuos a cuestionar la norma establecida y a buscar soluciones nuevas e innovadoras. Al alimentar este sentido de la curiosidad mediante el desarrollo artístico, es más probable que los individuos aborden los problemas con voluntad de aprender y explorar perspectivas diferentes. Esto puede conducir a una estrategia de resolución de problemas más creativa y eficaz. Participar en actividades creativas proporciona a los individuos una plataforma para expresar sus pensamientos e ideas de forma única y personal. El desarrollo artístico permite a los individuos comunicarse a través de diversos medios, como la pintura, la escritura o la eufonía, que pueden ser una poderosa forma de autoexpresión. Al expresarse creativamente, los individuos son capaces de explorar y articular sus pensamientos, emociones y experiencias. Este proceso de autoexpresión puede mejorar las habilidades de pensamiento crítico al animar a los individuos a reflexionar sobre sus propias perspectivas y a considerar puntos de vista diferentes. Mediante el desarrollo artístico, los individuos pueden desarrollar un mayor sentido de la autoconciencia y la empatía, que son componentes cruciales del pensamiento crítico y la resolución de problemas. Mejorar las habilidades de pensamiento crítico y resolución de problemas es esencial para el aumento personal y profesional. Al fomentar la creatividad y el desarrollo de habilidades artísticas, los individuos pueden reforzar estas habilidades en un camino único y significativo. Las actividades artísticas requieren que los individuos piensen críticamente y resuelvan problemas, fomentando una mentalidad estratégica que puede aplicarse a diversos ámbitos de la vida. El esfuerzo creativo fomenta la curiosidad y la indagación, promoviendo la voluntad de explorar diferentes perspectivas y buscar soluciones innovadoras. Participar en actividades creativas proporciona a los individuos una plataforma para la autoexpresión, mejorando la autoconciencia y la empatía. Promover la creatividad y el desarrollo artístico a todas las edades es crucial para potenciar el pensamiento crítico y la capacidad de resolver problemas.

ACTIVIDADES ARTÍSTICAS QUE REQUIEREN ANÁLISIS Y TOMA DE DECISIONES

Además de fomentar la autoexpresión, las actividades artísticas que requieren análisis y toma de decisiones también pueden mejorar la capacidad de pensamiento crítico. El proceso de crear arte suele implicar evaluar distintas opciones y tomar decisiones informadas sobre la composición, la paleta de colores y el diseño general. Una cantidad de gatos puede necesitar analizar varios trazos y técnicas de pincelado para conseguir la consecuencia deseada, mientras que un hombre de lentes puede evaluar distintos ángulos y condiciones meteorológicas de iluminación para captar la toma perfecta. A través de estas experiencias, las personas pueden desarrollar su capacidad analítica y aprender a pensar críticamente sobre su elección artística. Haciéndose preguntas como "¿Qué color debo utilizar para transmitir el clima deseado?". O "¿Qué composición transmitirá mejor mi contenido?". El artista se vuelve más hábil para tomar decisiones meditadas y evaluar el resultado potencial de cada selección. Esta capacidad de analizar, evaluar y tomar decisiones se extiende no sólo al reino artístico, sino también a otros ámbitos de la vida. Las actividades artísticas que requieren análisis y toma de decisiones también fomentan la capacidad de resolver problemas. Cuando se enfrenta a un reto u obstáculo durante el proceso creativo, el artista debe encontrar una forma innovadora de superarlos. Un tallista puede encontrar dificultades al dar forma a una rodaja de barro, pero experimentando con técnicas y enfoques diferentes, puede hallar una solución al problema. Este proceso de tribulación y error fomenta una mentalidad de resolución de problemas que puede trasladarse a otros ámbitos de la vida. Cultivando la creatividad y fomentando el desarrollo artístico, las personas están mejor preparadas para abordar problemas complejos con una actitud flexible y llena de recursos. Participar en actividades artísticas que exigen análisis y toma de decisiones también puede fomentar la inteligencia emocional. A menudo, los artistas buscan transmitir emociones o mensajes concretos a través de su obra, lo que les exige explotar sus propias emociones y empatizar con las de los demás. Al crear una escultura figurativa, un artista debe considerar la postura del sujeto, la manifestación facial y las palabras del torso para representar con precisión una emoción concreta. En el proceso, los artistas desarrollan una comprensión más profunda de las emociones humanas y mejoran su capacidad de empatizar con los demás. Este aumento de la inteligencia emocional puede tener beneficios de gran alcance, ya que permite a los individuos conectar con los demás a un nivel más profundo, comprender diferentes perspectivas y responder compasivamente a diversas situaciones. Las actividades artísticas que requieren análisis y toma de decisiones también contribuyen al desarrollo de la apreciación estética. Al participar en la innovación del arte y analizar críticamente distintos estilos artísticos, los individuos amplían su comprensión y aprecio por diversas formas de manifestación artística. A medida que exploran diferentes técnicas, medios y conceptos artísticos, desarrollan un discernimiento del calibre, la composición y la creatividad. Esta mayor sensibilidad estética puede aumentar el deleite y la comprensión del arte, permitiéndoles reconocer y valorar la complejidad de la obra artística. Las actividades artísticas que exigen análisis y toma de decisiones no sólo fomentan la auto-expresión, sino que también mejoran el pensamiento crítico, la resolución de problemas, la inteligencia emocional y la apreciación estética. Al emprender actividades artísticas que exigen pensamiento analítico y toma de decisiones, los individuos desarrollan su capacidad para evaluar opciones, resolver problemas, empatizar con los demás y apreciar lo asombroso de una variedad de expresiones artísticas. Al animar y fomentar la creatividad y el desarrollo artístico a todas las edades, capacitamos a los individuos para que se dediquen a actividades que enriquezcan su capacidad cognitiva, emocional y estética, contribuyendo en última instancia a su aumento general personal e intelectual.

LA RESOLUCIÓN DE PROBLEMAS ARTÍSTICOS COMO HABILIDAD TRANSFERIBLE

La resolución artística de problemas es una habilidad transferible crucial que puede beneficiar significativamente a las personas en diversos aspectos de su vida. En un mundo tan cambiante como el actual, el pensamiento creativo y la capacidad para resolver problemas son muy codiciados por los empresarios de distintos sectores. La resolución de problemas artísticos no sólo es valiosa en el ámbito profesional, sino que también desempeña un papel fundamental en el crecimiento y el desarrollo personales. Uno de los principales beneficios de la resolución de problemas artísticos es su capacidad para fomentar el pensamiento crítico. En el proceso de creación artística, las personas se enfrentan constantemente a distintos retos y obstáculos que les obligan a pensar de forma creativa y a encontrar soluciones innovadoras. Ya se trate de elegir el color adecuado para una pintura, componer una melodía o coreografiar una danza mundana, los artistas están constantemente inmersos en una actividad de resolución de problemas. Esto no sólo aumenta su capacidad de pensamiento crítico, sino que también les permite abordar el problema desde una perspectiva diferente, lo que conduce a soluciones más completas. La resolución artística de problemas fomenta la originalidad y la capacidad de pensar fuera de la esquina. Los artistas se enfrentan a menudo a limitaciones, como un presupuesto limitado o la escasez de recursos, lo que les obliga a pensar de forma creativa para superar este obstáculo. Esto anima a los individuos a explorar enfoques poco convencionales y a ampliar los límites de su creatividad.

Al buscar constantemente soluciones nuevas e innovadoras, los artistas desarrollan un profundo sentido de la originalidad y una mentalidad abierta que pueden aplicar a diversos ámbitos de su vida. La resolución artística de problemas también tiene un efecto significativo en la inteligencia emocional. Mediante el proceso de creación artística, las personas pueden expresar y explorar sus emociones en un entorno seguro y sin prejuicios. Esto les ayuda a comprender mejor sus propias emociones y las de los demás. A menudo se pide a los artistas que transmitan emociones específicas a través de sus obras, lo que les obliga a aprovechar su propia inteligencia emocional. Esto les permite comunicarse eficazmente con los demás y desarrollar relaciones interpersonales más sólidas. La capacidad de comprender e interpretar la emoción es crucial en la resolución de problemas, ya que permite a los individuos empatizar con los demás y obtener una percepción más profunda de sus necesidades y deseos. La resolución artística de problemas cultiva la resiliencia y la tenacidad. Los esfuerzos artísticos rara vez son fáciles; los artistas a menudo se enfrentan a contratiempos, críticas y fracasos en el camino. A través de estos retos, los individuos aprenden a aceptar y abrazar al perdedor como componente del proceso creativo. Desarrollan la resiliencia y la capacidad de recuperarse de los reveses, que es una habilidad esencial en todos los ámbitos de la vida. Los artistas también aprenden a perseverar y a seguir comprometidos con su objetivo, incluso frente a las dificultades. Esta decisión y perseverancia son habilidades transferibles que pueden beneficiar enormemente a los individuos en su búsqueda personal y profesional. La resolución artística de problemas es una habilidad transferible de valor incalculable que tiene amplios beneficios. Desde el fomento del pensamiento crítico y la originalidad hasta la mejora de la inteligencia emocional y la resiliencia, la resolución de problemas artísticos desempeña un papel fundamental en el crecimiento y el desarrollo personales. Tanto si se sigue una vocación humanística como si no, la capacidad de pensar de forma creativa y encontrar soluciones innovadoras está muy solicitada en el mundo actual. Por ello, es imperativo que se anime a las personas a desarrollar sus habilidades artísticas y a aprovechar la fuerza de la resolución artística de problemas a cualquier edad.

ESTIMULAR LA IMAGINACIÓN Y LA CREATIVIDAD

Estimular la imaginación y la creatividad tiene inmensos beneficios en varios aspectos de la vida, como la educación, la resolución de problemas y el crecimiento personal. En un conjunto educativo, fomentar la imaginación y la creatividad permite al alumno pensar de forma crítica y fuera de la esquina. Les anima a explorar diferentes perspectivas e ideas, lo que les permite adquirir una comprensión más profunda del tema tratado. Cuando a un alumno se le asigna un diseño creativo, como escribir un cuento o diseñar un experimento, no está confinado a una serie de reglas o resultados predeterminados. En su lugar, tienen la exención de utilizar su imaginación y experimentar con distintas posibilidades, lo que conduce a soluciones innovadoras y únicas. Esta obertura no sólo mejora su sensación de aprendizaje, sino que también cultiva su creatividad y su capacidad para resolver problemas. La creatividad desempeña un papel vital en la resolución de problemas. En nuestro mundo en rápida evolución, se valora mucho la capacidad de pensar creativamente y encontrar soluciones innovadoras. Cuando se enfrentan a un problema complejo, los individuos que pueden pensar fuera de la esquina tienen más probabilidades de llegar a soluciones poco convencionales y eficaces. Los individuos creativos pueden ver conexiones y patrones que otros podrían pasar por alto, lo que les permite identificar enfoques novedosos para resolver los problemas. Están más dispuestos a asumir riesgos y a abrazar el fracaso, comprendiendo que el revés proporciona una valiosa oportunidad de aprendizaje. Al fomentar la imaginación y la creatividad, estamos dotando a los individuos de las habilidades necesarias para afrontar retos complejos y adaptarse a un mundo en constante evolución. Estimular la imaginación y la creatividad tiene un profundo efecto en el crecimiento personal. Participar en actividades creativas permite a las personas expresarse y explorar su pensamiento y sus emociones. Mediante diversas formas de trabajo artístico, como la pintura, la escritura o la danza, los individuos pueden comunicar su experiencia, sus creencias y sus aspiraciones, fomentando la introspección y el autodescubrimiento. Este procedimiento no sólo mejora el conocimiento de uno mismo, sino que también fomenta el bienestar emocional y la resiliencia. Participar en un esfuerzo creativo proporciona a las personas una sensación de objetivo y realización, contribuyendo a su felicidad general y a la gratificación de por vida. Estimular la imaginación y la creatividad es crucial para desarrollar las habilidades artísticas y fomentar el crecimiento personal. Anima a los individuos a pensar de forma crítica, a explorar diferentes perspectivas y a idear soluciones innovadoras. Al fomentar la imaginación y la creatividad en la educación, estamos dotando a los alumnos de habilidades esenciales para desenvolverse en un mundo cada vez más complejo. La creatividad desempeña un papel importante en la resolución de problemas, permitiendo a las personas encontrar soluciones poco convencionales y eficaces. Participar en actividades creativas fomenta la autoexpresión, la introspección y el bienestar emocional. Es importante crear un entorno que reconozca y fomente la creatividad a todas las edades, apoyando a los individuos en su desarrollo artístico y su crecimiento personal.

ACTIVIDADES ARTÍSTICAS QUE FOMENTEN EL PENSAMIENTO IMAGINATIVO

Uno de los principales beneficios de las actividades artísticas es que fomentan el pensamiento imaginativo. Mediante el compromiso con las artes, se anima a las personas a pensar de forma original, explorar nuevas posibilidades y desafiar las formas convencionales de pensar. Las actividades artísticas ofrecen a los individuos la oportunidad de dar rienda suelta a su imitatividad y aprovechar su posible creatividad. Al pintar una fotografía, el artista tiene la posibilidad de crear su propia interpretación del tema. Pueden elegir utilizar colores, texturas y técnicas diferentes para transmitir sus pensamientos y emociones. Este proceso de pensamiento imaginativo permite a los individuos expresarse de una forma que no está limitada por la restricción del realismo. Las actividades artísticas suelen requerir habilidad para resolver problemas, ya que los artistas se enfrentan constantemente a retos y obstáculos que deben superar para llevar su idea a la realidad. Esta necesidad de resolver problemas anima a los individuos a pensar de forma creativa y a encontrar soluciones innovadoras a los problemas artísticos. Al abordar estos retos con una mentalidad abierta y voluntad de experimentar, los artistas pueden ampliar su capacidad de pensamiento imaginativo y desarrollar nuevas formas de enfocar su trabajo. Las actividades artísticas proporcionan a los individuos una plataforma para la autoexpresión y el autodescubrimiento. Mediante la innovación del arte, los individuos pueden explorar sus propios pensamientos, sentimientos y experiencias de un modo significativo y personal. Este proceso de autorreflexión no sólo fomenta la autoconciencia, sino que también permite a los individuos adquirir una comprensión más profunda de sí mismos y del mundo que les rodea. Al escribir un poema, un poeta puede reflexionar sobre sus propias emociones y experiencias, utilizando imágenes y metáforas para transmitir sus pensamientos y sentimientos más íntimos. Este acto de autoexpresión puede ser increíblemente catártico y proporcionar a los individuos una sensación de publicar y sanar. Las actividades artísticas también pueden animar a los individuos a pensar de forma crítica y a analizar el mundo que les rodea. Mediante el compromiso con diferentes formas de arte, los individuos se exponen a diferentes perspectivas e ideas, estimulando su capacidad de pensamiento crítico. Al analizar una obra literaria, se anima a los individuos a pensar críticamente sobre el tema, el motivo y la simbolización que ha empleado el escritor. Este psicoanálisis crítico requiere que los individuos consideren múltiples perspectivas e interpretaciones, fomentando una comprensión y admiración más profundas por las artes. Las actividades artísticas también pueden fomentar el pensamiento interdisciplinar, ya que los individuos exploran las conexiones entre distintas formas de arte y disciplina. Una Terpsícore puede extraer su aspiración de una pieza de eufonía o un artista visual puede incorporar elementos de narración a su arte. Esta obertura interdisciplinar anima a los individuos a pensar más allá de los límites de una única forma de arte y a establecer conexiones entre distintas áreas de estudio. Al hacerlo, los individuos pueden ampliar su capacidad de pensamiento creativo y enfocar su trabajo desde una perspectiva más holística e integrada. Las actividades artísticas desempeñan un papel vital en el fomento del pensamiento imaginativo. Proporcionan a los individuos una plataforma para expresarse, explorar sus propios pensamientos y sentimientos y desafiar las formas convencionales de pensar. A través del compromiso con las artes, se anima a los individuos a pensar de forma innovadora, a resolver problemas y a analizar el mundo que les rodea. Las actividades artísticas promueven el pensamiento interdisciplinar y animan a los individuos a establecer conexiones entre distintas disciplinas y formas artísticas. Es esencial que se anime a individuos de todas las edades a participar en actividades artísticas, ya que tienen el potencial de potenciar el pensamiento creativo y el desarrollo personal.

EL PENSAMIENTO CREATIVO COMO CATALIZADOR DE LA INNOVACIÓN Y EL PROGRESO

A nivel individual, el pensamiento creativo permite a los individuos ver las cosas desde perspectivas diferentes, desafiar las normas existentes y generar nuevas ideas y soluciones. Anima a los individuos a pensar con originalidad y a explorar enfoques no convencionales para la resolución de problemas. El poder de pensar creativamente es especialmente valioso en el mundo actual, rápido y complejo, donde las soluciones tradicionales pueden dejar de ser eficaces. Para fomentar el pensamiento creativo, hay que animar a las personas a que acepten la incertidumbre y asuman riesgos, ya que suelen ser el caldo de cultivo de las ideas innovadoras. Hay que dar a los individuos la oportunidad de participar en actividades que estimulen su imitatividad y les animen a explorar nuevas posibilidades. Esto podría incluir la vulnerabilidad a diversas formas de arte, como las artes visuales, la eufonía, la danza y la literatura, que no sólo pueden inspirar la creatividad, sino también mejorar la capacidad cognitiva y las noticias emocionales. El desarrollo de habilidades de pensamiento creativo puede cultivarse mediante prácticas educativas que fomenten el pensamiento crítico, la resolución de problemas y el pensamiento divergente. Estas prácticas implican fomentar múltiples perspectivas, generar soluciones alternativas y cuestionar los supuestos. Al dotar a los individuos de la herramienta para pensar de forma creativa, se les capacita para contribuir al progreso de la sociedad y tener un efecto significativo. A nivel colectivo, el pensamiento creativo es esencial para promover la innovación e impulsar el progreso en diversos campos. La creatividad alimenta los avances tecnológicos, científicos, empresariales y artísticos, y conduce a avances que dan forma a la sociedad. La tecnología innovadora, como los teléfonos inteligentes, el vehículo eléctrico y la plataforma de medios sociales, ha revolucionado la forma en que vivimos, funcionamos e interactuamos entre nosotros. Estos avances no habrían sido posibles sin la mente creativa que desafió las normas existentes e imaginó nuevas posibilidades. El pensamiento creativo es fundamental para abordar retos sociales complejos, como el cambio climático, el empobrecimiento y la atención sanitaria. Pensando de forma creativa, las personas y las organizaciones pueden desarrollar soluciones innovadoras que quizá no se hubieran planteado antes. El diseño de edificios sostenibles, el desarrollo de fuentes de energía renovables y la ejecución de un sistema sanitario inclusivo requieren un pensamiento creativo para provocar cambios positivos. Además, el pensamiento creativo desempeña un papel crucial en la promoción del crecimiento económico y la lucha. En la economía actual, globalizada y en rápida evolución, las organizaciones deben innovar y adaptarse constantemente para mantenerse en cabeza. El pensamiento creativo permite a las organizaciones identificar nuevas oportunidades de mercado, desarrollar productos y servicios únicos y encontrar formas innovadoras de satisfacer las necesidades de los clientes. Las empresas que adoptan el pensamiento creativo como parte de su civilización tienen más probabilidades de atraer a las mejores dotaciones, fomentar la colaboración y la variedad, y generar una ventaja competitiva. El pensamiento creativo puede conducir a la innovación de una nueva industria y a la transmutación de la existente. Tiene la fuerza de trastocar el modelo empresarial tradicional e impulsar la transmutación económica. El auge de la economía colaborativa, el comercio electrónico y la economía gig son producto del pensamiento creativo, que ha reconfigurado nuestra forma de hacer negocios. El pensamiento creativo sirve de catalizador para la innovación y el progreso tanto a nivel individual como colectivo. Permite a los individuos pensar con originalidad, desafiar las normas existentes y generar nuevas ideas y soluciones. El pensamiento creativo es especialmente valioso en el complejo y acelerado mundo actual, en el que las soluciones tradicionales ya no sirven. A nivel colectivo, el pensamiento creativo es crucial para promover la innovación, impulsar el progreso y abordar retos sociales complejos. Impulsa los avances en diversos campos, como la tecnología, la ciencia, los negocios y las artes, dando lugar a avances que dan forma a la sociedad. El pensamiento creativo desempeña un papel vital en la promoción del crecimiento económico y la lucha, ya que permite a las organizaciones innovar y adaptarse para mantenerse a la vanguardia. Es esencial fomentar y cultivar las habilidades de pensamiento creativo a todas las edades para alimentar la innovación, el progreso y el desarrollo de la sociedad. Fomentar la creatividad y el desarrollo de las habilidades artísticas a todas las edades no sólo beneficia a los individuos, sino también a la sociedad en su conjunto. La creatividad y la manifestación artística tienen la fuerza de provocar el pensamiento, rebatir la norma y estimular el diálogo. Al fomentar un entorno que valora y apoya la creatividad, permitimos la exploración y difusión de perspectivas únicas, promoviendo en última instancia la variedad y la inclusividad. Esto es especialmente importante en el mundo actual, interconectado y diverso, donde el intercambio de ideas y perspectivas es crucial para el progreso y la comprensión de la sociedad. El perfeccionamiento de la creatividad y las habilidades artísticas también puede proporcionar numerosos beneficios personales y psicológicos. Se ha demostrado que participar en actividades creativas reduce la tensión, mejora el clima y aumenta el bienestar general. El acto de crear arte permite a los individuos expresar su emoción, experiencia y pensamiento de forma tangible, proporcionando una sensación de duración y autorreflexión. Este procedimiento de autoexpresión puede ser especialmente beneficioso para las personas que se enfrentan a una lesión o a un problema de bienestar mental, ya que puede servir como respiradero terapéutico para procesar y sanar. La creatividad y el desarrollo artístico se han relacionado con el crecimiento cognitivo e intelectual. Participar en actividades artísticas, como dibujar, pintar o tocar un instrumento musical, puede mejorar el pensamiento crítico, la resolución de problemas y la capacidad de tomar decisiones. Estas actividades requieren que los individuos piensen fuera de la esquina, experimenten con distintas técnicas y tomen decisiones basadas en sus corazonadas artísticas. Este proceso cognitivo puede trasladarse a otros ámbitos de la vida, mejorando la capacidad creativa para resolver problemas y fomentando una mentalidad flexible y adaptable. Fomentar la creatividad y el desarrollo de las habilidades artísticas a todas las edades puede llevar a descubrir y alimentar la dotación. Al dar a las personas la oportunidad de explorar distintas formas de arte, desbloqueamos su potencial y les permitimos descubrir un talento oculto. Esto es especialmente importante en la puerilidad temprana, ya que es en este momento cuando muchos individuos descubren su amor por una corrección artística específica. Fomentando un entorno de apoyo y aliento, podemos capacitar a los jóvenes artistas para que persigan su pasión y desarrollen sus habilidades artísticas, lo que puede conducirles a futuras carreras o a aficiones para toda la vida. La creatividad y el desarrollo artístico también pueden contribuir al crecimiento económico y a la innovación. La industria creativa, incluidas las artes visuales, las artes escénicas, el diseño y el medio, son un importante motor de la actividad económica. La promoción y el apoyo a los individuos y a la industria creativos pueden conducir a la creación de empleo, aumentar el turismo y estimular la innovación y el espíritu empresarial. Al fomentar la creatividad y el desarrollo de las habilidades artísticas, no sólo permitimos que las personas desarrollen carreras satisfactorias, sino que también contribuimos al éxito económico general de una comunidad o una nación. El impulso de la creatividad y el desarrollo de las habilidades artísticas a todas las edades tiene numerosos beneficios, tanto a nivel individual como social. El fomento de la creatividad puede conducir a la exploración y difusión de diversas perspectivas, fomentando la inclusividad y la comprensión. Participar en actividades creativas también puede proporcionar beneficios personales y psicológicos, como reducir la tensión y aumentar el bienestar. La creatividad y el desarrollo artístico están vinculados al crecimiento cognitivo, fomentando el pensamiento crítico y la capacidad de resolver problemas. Al fomentar las proezas, también podemos descubrir y alimentar las dotes, que pueden conducir a futuras carreras y aficiones para toda la vida. La creatividad y el desarrollo artístico pueden contribuir al crecimiento económico y a la innovación, impulsando la creación de empleo y estimulando el espíritu empresarial. Es crucial crear un entorno que valore y apoye la creatividad y el desarrollo artístico a todas las edades, reconociendo su profundo efecto en las personas y en la sociedad en su conjunto.

IV. PROGRESO DE LA SOCIEDAD

A medida que un individuo se vuelve más creativo y desarrolla sus habilidades artísticas, contribuye inevitablemente al progreso y al enriquecimiento de la sociedad en su conjunto. La creatividad tiene el poder de desafiar y alterar las normas establecidas, desencadenando la innovación y fomentando nuevas ideas. Los artistas, en particular, suelen utilizar su talento para arrojar luz sobre los problemas sociales y la injusticia, empujando a la sociedad hacia un cambio positivo. Una vía por la que la creatividad y el desarrollo artístico contribuyen al progreso de la sociedad es mediante la exploración y manifestación de perspectivas diversas. A través del arte, el individuo puede tratar su experiencia, cultura y creencia únicas, ofreciendo una mirada a un mundo que puede ser muy diferente del nuestro. Este intercambio de perspectivas cultiva la empatía, la piedad y la comprensión entre masas de orígenes diversos, fomentando una sociedad más inclusiva y tolerante. Al derribar barreras y tender puentes entre comunidades diferentes, el arte fomenta la cohesión social y ayuda a construir una sociedad más fuerte y cohesionada. La creatividad y el desarrollo artístico fomentan el pensamiento crítico y la capacidad de resolver problemas, atributos vitales para el progreso de la sociedad. Los artistas suelen abordar cuestiones complejas a través de sus obras, obligando al espectador a cuestionar el paradigma existente y a considerar puntos de vista alternativos. Las creaciones artísticas que desafían el statu quo animan al individuo a pensar de forma crítica sobre el mundo que le rodea y a buscar activamente soluciones a los acuciantes problemas sociales. Este carácter de participación cognitiva y pensamiento analítico es crucial para la innovación y el progreso en todas las industrias y campos. El esfuerzo artístico tiene el potencial de influir en la opinión pública y dar forma a la decisión sobre seguros. A lo largo de la historia, el arte ha servido como poderoso instrumento de comentario social y político. Las expresiones artísticas, como la literatura, la eufonía y las artes visuales, tienen el poder de evocar fuertes emociones y provocar debates que inviten a la reflexión. Al abordar temas controvertidos y presentar una narrativa que invita a la reflexión, los artistas tienen el poder de moldear la opinión pública y fomentar el cambio social. Las creaciones artísticas sirven a menudo de acelerador para el debate y la discusión públicos, concienciando y movilizando a la comunidad en torno a un tema pertinente. Esta militarización colectiva es esencial para lograr el progreso de la sociedad y afectar a un cambio positivo. La creatividad y el desarrollo artístico contribuyen al crecimiento económico y al avance tecnológico. En los años digitales, las habilidades artísticas son muy apreciadas y buscadas en diversas industrias. Desde el diseñador gráfico al animador, los artistas desempeñan un papel importante en la creación de contenidos visualmente atractivos y atrayentes para el consumidor. La industria creativa, como el cine, el estilo y la publicidad, genera un billón de dólares en ingresos cada año, impulsando el crecimiento económico y la creación de tareas. Invirtiendo en creatividad y desarrollo artístico, las sociedades pueden fomentar un próspero ahorro creativo y situarse a la vanguardia de la innovación y el avance tecnológico. La creatividad y el desarrollo artístico son esenciales para el progreso de la sociedad. Promueven la variedad y la empatía, fomentan el pensamiento crítico y la capacidad de resolver problemas, conforman la opinión pública y contribuyen al crecimiento económico y al avance tecnológico. Fomentar la creatividad y el desarrollo de las habilidades artísticas a todas las edades es crucial para crear una sociedad más inclusiva, reflexiva y próspera. Apoyando las artes e invirtiendo en ellas, las sociedades pueden liberar el poder transformador de la creatividad y allanar el camino hacia un futuro brillante.

PROMOVER LA DIVERSIDAD CULTURAL Y LA INCLUSIÓN

La expresión artística tiene la fuerza de trascender las barreras y unir a las masas, independientemente de su origen cultural. Abrazando y celebrando la diversidad, las comunidades pueden crear un entorno próspero que fomente la exploración de diferentes perspectivas y tradiciones artísticas. La inclusividad garantiza que todo el mundo tenga el mismo acceso a las oportunidades artísticas, permitiendo a las personas cultivar sus capacidades creativas y contribuir al panorama artístico. Es esencial que las instituciones educativas y las organizaciones culturales establezcan prácticas inclusivas que promuevan la diversidad cultural y garanticen que personas de todos los orígenes puedan participar y contribuir a las artes. Una forma de promover la diversidad cultural y la inclusión en las artes es mediante proyectos de colaboración que reúnan a artistas de distintas procedencias. Al facilitar la colaboración entre artistas con perspectivas culturales diversas, pueden surgir nuevas expresiones e ideas artísticas. Esto no sólo enriquece el procedimiento artístico, sino que también fomenta la exploración y el intercambio de técnicas, estilos y tradiciones artísticas. La colaboración puede ser especialmente eficaz para salvar la brecha cultural y fomentar el entendimiento entre comunidades que pueden haber tenido una vulnerabilidad limitada al patrimonio artístico de la otra. Trabajando juntos, los artistas pueden crear nuevas obras que reflejen la diversidad de perspectivas y experiencias que existen en una comunidad. Otra faceta importante de la promoción de la diversidad cultural y la inclusión es ofrecer igualdad de oportunidades a las personas de todos los orígenes para que participen en las artes. Esto incluye garantizar que la educación artística sea accesible a todos, independientemente de sus características culturales, socioeconómicas o físicas. Al ofrecer becas, subvenciones y otras formas de ayuda económica, las instituciones educativas y las organizaciones culturales pueden ayudar a las personas a superar las barreras económicas y a perseguir su pasión artística. Es crucial proporcionar recursos y apoyo a los artistas con discapacidad, garantizando que dispongan de las adaptaciones necesarias para participar plenamente en la actividad artística. Al eliminar estas barreras, las comunidades pueden acoger el talento y la contribución de individuos de toda condición, enriqueciendo el panorama artístico con voces y perspectivas diversas. Promover la diversidad cultural y la inclusión en las artes exige celebrar y reconocer las distintas tradiciones y estilos artísticos. Esto puede lograrse mediante la organización de festivales, exposiciones y representaciones multiculturales que muestren la magnificencia y diversidad de las expresiones artísticas. Promoviendo y preservando activamente el patrimonio cultural, se anima a las personas a explorar sus propias raíces culturales y a extraer aspiraciones de su herencia. Esto no sólo fomenta un sentimiento de felicitación y pertenencia, sino que también estimula el intercambio y la admiración de distintas tradiciones artísticas. Al reconocer para valorar las diversas expresiones artísticas, las comunidades pueden avanzar hacia un panorama artístico más inclusivo y equitativo. Promover la diversidad cultural y la inclusividad es esencial para fomentar la creatividad y el desarrollo artístico a todas las edades. Al acoger y celebrar la diversidad, las comunidades ofrecen a las personas la oportunidad de explorar diferentes perspectivas y tradiciones artísticas, al tiempo que garantizan la igualdad de acceso a las oportunidades artísticas. El proyecto de colaboración, la igualdad de oportunidades y la celebración de diversas expresiones artísticas contribuyen a crear un panorama artístico integrador. Aplicando estas prácticas, las instituciones educativas y las organizaciones culturales pueden fomentar las capacidades creativas de personas de todos los orígenes y cultivar una comunidad artística próspera y vibrante. La dedicación a la diversidad cultural y a la inclusión en las artes garantiza que la creatividad no tenga fronteras y que todos puedan contribuir al procedimiento artístico y beneficiarse de él.

LA EXPRESIÓN ARTÍSTICA COMO REFLEJO DE LAS DIVERSAS CULTURAS

La expresión artística es una herramienta inestimable para reflejar la diversidad de las culturas de todo el mundo. A través de diversas formas de arte, como la pintura, la escultura, la danza y la música, los individuos pueden expresar sus experiencias, tradiciones y creencias únicas. Esta creación artística no sólo proporciona una visión de las distintas culturas, sino que también fomenta una mayor apreciación y comprensión de la gran variedad de experiencias humanas. Las representaciones artísticas de diversas culturas permiten a los individuos explorar y conectar con perspectivas desconocidas, ampliando su horizonte y fomentando la conciencia cultural. Al mostrar la riqueza y complejidad de las distintas sociedades, la expresión artística fomenta la festividad de la diversidad y sirve de acelerador para el intercambio y el diálogo culturales. En el reino de las humanidades visuales, las diversas culturas suelen representarse a través de estilos, motivos y temas distintivos. El arte renacentista de la UE retrata temas religiosos, a menudo con narrativa bíblica y simbolización cristiana. En cambio, el arte africano se caracteriza por su colorido vivaz, formas abstractas y representaciones del espíritu ancestral. Examinando estos variados estilos artísticos, se puede llegar a una comprensión más profunda del valor cultural y las creencias que los informan. Los intrincados patrones geométricos del arte islámico reflejan el significado de la geometría y las matemáticas en la confraternidad islámica, mientras que la impresión Unicode japonesa refleja la floreciente cultura urbana durante el punto de Tokio. Mediante el estudio y la apreciación de estas diversas expresiones artísticas, las personas pueden desarrollar una comprensión más matizada de las diferentes culturas y sus perspectivas únicas. La danza y la música también desempeñan un papel crucial en el reflejo de las diversas culturas. La danza tradicional, como el flamenco en España o el Bharatanatyam en Bharat, proporcionan una representación visual de la individualidad y la herencia culturales. Estas danzas suelen incorporar gestos, movimientos y vestuario profundamente arraigados en las tradiciones y el valor de sus respectivas culturas. Del mismo modo, la música actúa como una poderosa herramienta de expresión cultural, y cada cultura posee sus propios estilos e instrumentos distintivos. El compás rítmico y el tono melódico de los tambores africanos reflejan la vibrante vitalidad y la vivacidad comunitaria de las sociedades africanas. Por el contrario, la intrincada armonía e instrumentación de la música clásica occidental reflejan lo regulado de las tradiciones culturales europeas. Experimentando y apreciando diversas formas de danza y música, las personas pueden acceder a las ricas cintas de la expresión artística humana y desarrollar una mayor sensibilidad hacia la diversidad cultural. La interiorización de diversas expresiones artísticas en los programas educativos desempeña un papel vital en el fomento de la conciencia cultural y la promoción de la inclusividad. Al exponer a los alumnos a formas artísticas de diferentes culturas, el instituto educativo produce la oportunidad de que los alumnos se comprometan con diversas perspectivas y desafíen su propia noción preconcebida. Esta vulnerabilidad no sólo permite a los alumnos apreciar lo sorprendente y singular de las distintas culturas, sino que también fomenta la empatía y la comprensión. Al aprender sobre las distintas tradiciones artísticas y conectar con ellas, se dota a los estudiantes de las herramientas necesarias para entablar un diálogo intercultural significativo y reconocer el valor y la contribución inherentes a todas las culturas. Esta educación en la diversidad artística se convierte entonces en una poderosa herramienta para promover la justicia social y la equivalencia, ya que los estudiantes se convierten en defensores de la inclusión y la consideración de todas las expresiones culturales. La expresión artística sirve como reflejo de las diversas culturas, proporcionando una ventana a la vasta gama de experiencias, tradiciones y creencias humanas. A través de diversas formas artísticas, las personas pueden expresar y transmitir su herencia cultural, lo que a menudo da lugar a una mayor apreciación y comprensión de las distintas sociedades. Al mostrar la riqueza y complejidad de la diversidad cultural, la expresión artística promueve la conciencia cultural, celebra la divergencia y fomenta el diálogo y el intercambio. Al incorporar diversas expresiones artísticas en los programas educativos, la institución fomenta la conciencia cultural y la inclusividad, dotando a los estudiantes de las herramientas necesarias para comprometerse con diversas perspectivas y promover la justicia social. En este camino, la expresión artística desempeña un papel crucial en la formación de una comunidad más inclusiva y culturalmente diversa.

FOMENTAR LAS HABILIDADES ARTÍSTICAS PARA SALVAR LAS DIFERENCIAS CULTURALES

El arte tiene la capacidad de trascender las barreras lingüísticas y evocar emociones que son universales para todas las personas, independientemente de su origen. Al promover el desarrollo artístico, estamos fomentando un entorno que favorece el intercambio cultural y la comprensión. Esto puede ser especialmente relevante en el actual mundo globalizado, donde la variedad cultural es cada vez más frecuente. La expresión artística permite a las personas comunicar sus pensamientos, sentimientos y experiencias de forma no verbal. Esta forma de comunicación es especialmente importante cuando se interactúa con personas de distintos orígenes culturales. A través de diversas formas artísticas como la música, la danza, la pintura y la escultura, los individuos pueden transmitir su herencia cultural y su tradición únicas. Al fomentar el desarrollo de las habilidades artísticas, estamos proporcionando una plataforma para que los individuos muestren su identidad cultural y traten su historia. Las habilidades artísticas pueden servir de puente entre distintas culturas al proporcionar un terreno común para el intercambio cultural. La colaboración artística entre individuos de diferentes orígenes puede conducir a la innovación de obras únicas e innovadoras que mezclen diversos estilos y técnicas artísticas. Esta colaboración no sólo fomenta un sentimiento de camaradería entre los artistas, sino que también promueve la comprensión y la admiración culturales. Al animar a artistas de distintos orígenes culturales a colaborar, podemos crear un entorno que celebre la variedad y promueva el intercambio cultural. Las habilidades artísticas también pueden desempeñar un papel importante en la lucha contra los estereotipos y prejuicios culturales. Al animar a las personas a desarrollar sus habilidades artísticas, les proporcionamos una plataforma para cuestionar las ideas preconcebidas sobre las distintas culturas. A través de su arte, los individuos pueden mostrar una narrativa alternativa que desafíe la representación estereotipada. Esto puede ayudar a derribar barreras culturales y fomentar un compañerismo más inclusivo y tolerante. La expresión artística puede servir de acelerador para iniciar conversaciones sobre cuestiones sociales y desafíos globales. Los artistas tienen una capacidad única para provocar el pensamiento y vigorizar la actividad a través de su Creación. Al fomentar las habilidades artísticas, estamos capacitando a las personas para que utilicen su arte como intermediario para el cambio social. Ya sea mediante el arte visual, la música o la ejecución, el artista puede utilizar sus habilidades para abordar cuestiones como el empobrecimiento, el favoritismo o el envilecimiento medioambiental. A través de su arte, los individuos pueden concienciar, vigorizar la empatía e incitar a otros a tomar medidas. Además, promover las habilidades artísticas puede tener importantes beneficios económicos. La fabricación creativa es una esfera en auge que contribuye al crecimiento económico y a la innovación de las tareas. Al animar a las personas a desarrollar sus habilidades artísticas, estamos alimentando un estanque de dotación que puede contribuir a esta fabricación. Ya sea diseñando, actuando o vendiendo arte, las personas con aptitudes artísticas pueden encontrar oportunidades de empleo en diversos campos creativos. Esto puede, a su vez, contribuir al desarrollo económico y al enriquecimiento cultural. Fomentar las habilidades artísticas puede ser una poderosa herramienta para salvar las diferencias culturales. La expresión artística tiene la capacidad de trascender las barreras lingüísticas y evocar emociones que son universales para todos los individuos. Al promover el desarrollo artístico, estamos fomentando un entorno que favorece el intercambio cultural, desafía los estereotipos, inicia conversaciones sobre cuestiones sociales y contribuye al crecimiento económico. Al reconocer la grandeza de las habilidades artísticas en el desarrollo de los individuos y la sociedad, podemos crear un mundo más inclusivo y armonioso.

FOMENTAR LA EMPATÍA Y LA COMPRENSIÓN

A través del arte, las personas pueden ponerse en la piel de los demás y comprender mejor las distintas perspectivas y experiencias. El arte tiene la fuerza de evocar emociones y suscitar empatía proporcionando una teatralización tangible de la condición humana. Al explorar temas como las cuestiones sociales, la lucha personal y la variedad cultural, el arte invita a los individuos a reflexionar sobre sus propias creencias y valores. Esta contemplación fomenta la empatía a medida que los individuos reconocen las experiencias y emociones compartidas que conectan a toda la humanidad. El arte puede desafiar los estereotipos y los prejuicios mostrando una narrativa alternativa y una voz marginada. Históricamente, los artistas han utilizado su creatividad para abordar la injusticia social, concienciar sobre causas importantes y promover el cambio social. A través de sus obras, ponen de relieve las experiencias de la comunidad marginada, que a menudo se pasan por alto, fomentando la empatía y la comprensión de quienes se acercan a su arte. El arte proporciona un programa para dialogar y comunicarse. Ya sea a través de las humanidades visuales, la eufonía o la dramaturgia, el arte reúne a las masas y crea un infinito para el discurso abierto y el intercambio de ideas. Esto permite a los individuos entablar conversaciones significativas y desarrollar una admiración más profunda por la variedad y las diferentes perspectivas. Al participar activamente en actividades artísticas, los individuos se vuelven más sensibles a las experiencias de los demás y desarrollan la capacidad de comprender y respetar puntos de vista diversos. El arte fomenta la escucha activa, ya que los individuos se comprometen con voces e ideas diversas. Mediante este procedimiento, la empatía florece a medida que los individuos desarrollan la capacidad de escuchar y resonar con las emociones y experiencias de los demás. Fomentar la empatía y la comprensión a través del arte tiene numerosos beneficios más allá del nivel individual. A medida que la sociedad se vuelve cada vez más diversa e interconectada, la capacidad de apreciar y comprender diferentes perspectivas se vuelve esencial para la cohesión y la concordia sociales. El arte permite a los individuos trascender la barrera cultural, lingüística y social y vincularse con los demás a un nivel más profundo. Esto fomenta el entendimiento intercultural y ayuda a romper estereotipos y prejuicios. Al exponer a los individuos a diferentes tradiciones culturales, expresiones artísticas y narrativas, el arte fomenta un sentimiento de ciudadanía global y anima a los individuos a abrazar la variedad. Esto, a su vez, contribuye al desarrollo de una sociedad integradora y compasiva. Fomentar la empatía y la comprensión a través del arte tiene importancia para el esquema de enseñanza. El programa de arte en la escuela no sólo fomenta la creatividad y la habilidad artística, sino que también cultiva la empatía y la habilidad social. Al participar en actividades artísticas, se anima a los alumnos a ponerse en el lugar de los demás y explorar diferentes perspectivas, fomentando la empatía y la comprensión. El arte también fomenta la colaboración y el trabajo en equipo, ya que los alumnos trabajan juntos para crear expresiones artísticas significativas. Esta habilidad tiene un valor incalculable en un mundo que cambia rápidamente y en el que las personas necesitan colaborar y empatizar con otras de orígenes diversos. Fomentar la empatía y la comprensión a través del arte prepara a las personas para una ciudadanía activa y comprometida. Al desarrollar la capacidad de comprender y apreciar puntos de vista diferentes, las personas están mejor preparadas para contribuir a su comunidad y hablar de cuestiones sociales importantes. Fomentar la empatía y la comprensión es una faceta vital de la creatividad y el desarrollo artístico. Al comprometerse con el arte, los individuos adquieren una comprensión más profunda de la condición humana, desafían los estereotipos y desarrollan la capacidad de escuchar y resonar con las experiencias de los demás. Fomentar la empatía y la comprensión a través del arte tiene numerosos beneficios, tanto a nivel individual como social. Fomenta la cohesión social, la comprensión intercultural y el desarrollo de una comunidad compasiva e integradora. Dota a los individuos de la habilidad necesaria para una ciudadanía activa y comprometida en un mundo diverso e interconectado.

EXPERIENCIAS ARTÍSTICAS QUE FOMENTEN LA EMPATÍA HACIA LOS DEMÁS

A través de diversos medios artísticos, los individuos son capaces de ponerse en la piel de otros, adquiriendo una comprensión y admiración más profundas por sus experiencias y emociones. Las artes visuales, permiten al artista retratar las emociones y la lucha de distintos individuos o grupos, fomentando así la empatía en el público. La pintura, la escultura y la fotografía pueden captar la esencia de un minuto, transmitiendo la alegría, la tristeza y el reto al que se enfrentan los demás. Al comprometerse con estas obras de arte, el espectador puede desarrollar un sentimiento de empatía, al sumergirse en la situación representada. Del mismo modo, las artes escénicas, como el teatro, la danza y la eufonía, ofrecen oportunidades tanto al intérprete como al público de experimentar las emociones y perspectivas de los demás. En el teatro, el actor asume el papel de personajes de diversos orígenes, compartiendo su historia y arrojando luz sobre su lucha, esperanza y sueño. Este procedimiento requiere que el intérprete conecte profundamente con sus personajes, empatizando con sus experiencias para poder representarlas con autenticidad. Del mismo modo, se invita al público a identificarse con estos personajes y comprenderlos, creando una experiencia compartida que fomenta la empatía y la compasión. La danza, con sus movimientos y gestos expresivos, puede transmitir toda una serie de emociones sin necesidad de frases. Esta forma de expresión artística trasciende la barrera de las palabras, conectando a los individuos a un nivel más profundo mediante el poder de la deriva y las emociones crudas que evoca. La eufonía también tiene el poder de fomentar la empatía al agitar las emociones del oyente. Ya sea a través de la letra, la melodía o el ritmo, la eufonía puede transportar a los individuos a un mundo diferente, evocando innumerables emociones y permitiéndoles comprender mejor las experiencias de los demás. Al participar en experiencias artísticas, los individuos tienen una oportunidad única de salir de sus propias perspectivas y sumergirse en las experiencias de los demás. Además de promover la empatía hacia los demás, las experiencias artísticas también fomentan un sentimiento de conexión y comunidad. Al comprometerse con el arte, los individuos son capaces de encontrar un terreno común con los demás, fomentando un sentimiento de pertenencia y comprensión. El esfuerzo artístico suele unir a las masas, ya sea mediante proyectos de colaboración o experiencias compartidas. La comunidad creativa proporciona un infinito para que los individuos no sólo se expresen, sino que también conecten con otros que puedan tener experiencias o intereses similares. Este sentido de conexión y comunidad es especialmente importante en una comunidad que a menudo se siente fragmentada y dividida. Las experiencias artísticas proporcionan un programa para que los individuos se unan, salvando las diferencias y fomentando un sentimiento de empatía y comprensión. Las experiencias artísticas también pueden servir de catalizador para el cambio social y el activismo. A través de diversos medios artísticos, los individuos pueden arrojar luz sobre importantes cuestiones sociales, fomentando la empatía y animando a otros a tomar medidas. El arte tiene un poder único para comunicar ideas y emociones complejas de una forma que trasciende los límites tradicionales, permitiendo a las personas conectar con otras de distintos orígenes y perspectivas. Ya sea a través de las artes visuales, las artes escénicas o cualquier otra forma de expresión, las experiencias artísticas tienen el potencial de fomentar la empatía hacia los demás, promover un sentido de conexión y comunidad, e inspirar un cambio positivo en el mundo. Las experiencias artísticas son una herramienta vital para fomentar la empatía hacia los demás. A través de diversos medios artísticos, las personas pueden ponerse en la piel de los demás y comprender mejor sus experiencias y emociones. Las artes visuales, las artes escénicas y otras formas de expresión ofrecen oportunidades tanto al artista como al público para conectar con diferentes perspectivas y empatizar con ellas. Además de promover la empatía, las experiencias artísticas también fomentan un sentimiento de conexión y comunidad, uniendo a las personas y fomentando un sentimiento de pertenencia y comprensión. Las experiencias artísticas tienen el poder de inspirar cambios positivos y servir de catalizador para el activismo social. Al participar en experiencias artísticas, las personas pueden desarrollar un mayor sentido de la empatía hacia los demás, fomentar un sentido de conexión y comunidad, y contribuir a un mundo más empático y comprensivo.

EL ARTE COMO MEDIO PARA EL COMENTARIO SOCIAL Y EL CAMBIO

A lo largo de la crónica, los artistas han utilizado su creatividad y sus habilidades artísticas para expresar su opinión sobre cuestiones sociales acuciantes y provocar el discurso público. Un ejemplo de ello es la corriente artística conocida como dadaísmo, que surgió a principios del siglo XX como reacción al horror de la Primera Guerra Mundial. Los artistas dadaístas rechazaron la forma tradicional de arte y adoptaron elementos disparatados e irracionales como forma de criticar la inutilidad de la guerra y el compañerismo que había permitido que se produjera. Artistas como Marcel Duchamp y Hannah Hoc crearon obras provocadoras que desafiaban la noción imperante de aturdimiento y razonabilidad, obligando a los espectadores a cuestionar el statu quo y a considerar una forma alternativa de pensar y de vivir. Más recientemente, los artistas han seguido utilizando su trabajo para iluminar las injusticias sociales y llamar la atención sobre la comunidad marginada. Un ejemplo notable es el artista callejero conocido como Banksy, cuyas obras de arte políticamente cargadas y a menudo controvertidas han atraído la atención mundial. Las obras de Graffito estarcidas de Banksy, que a menudo representan temas políticos y sociales, se han expuesto en diversas ciudades de todo el mundo y han suscitado importantes conversaciones sobre temas como la inmigración, el empobrecimiento y la vigilancia de la administración. Al utilizar el espacio público como lienzo, Banksy se asegura de que su arte sea accesible a una amplia entrevista y no permanezca confinado en el muro de una galería tradicional. Su obra sirve para recordar que el arte tiene el poder de perturbar y desafiar los sistemas establecidos, y que puede utilizarse como instrumento para el cambio social. El arte tiene la capacidad de humanizar los problemas y crear empatía entre los espectadores. Un ejemplo de ello es la Colcha monumento a la ayuda de 1987, que se creó como forma de honrar y recordar a quienes habían muerto por enfermedades relacionadas con el SIDA. La colcha, que consta de miles de paneles individuales creados por amigos y familiares de los afectados por la ayuda, sirvió como poderosa simbolización del devastador efecto de la epidemia y de la humanidad de los afectados por ella. Ver la colcha, con su historia personal y su expresión artística, permitió a la población conectar con las vidas individuales que se habían perdido, fomentando la empatía y la comprensión hacia una comunidad marginada. Este ejemplo demuestra cómo el arte tiene la capacidad de trascender la mera frase y la estadística, y puede llegar a las masas a un nivel emocional, motivándolas para que tomen medidas y cambien las consecuencias. Además de su poder para crear empatía y provocar el pensamiento, el arte también tiene la capacidad de ofrecer soluciones imaginativas a problemas sociales complejos. A través de su trabajo, los artistas pueden proponer una visión alternativa del compañerismo e inspirar a otros a imaginar un mundo mejor. Esto puede verse en la obra del diseñador y visionario Buck Minster total. Total creía que el diseño y la ingeniería podían resolver muchos de los problemas del mundo, como el empobrecimiento y el envilecimiento medioambiental. Mediante su diseño innovador, como el ático geodésico, Total desafió el pensamiento convencional y ofreció nuevas posibilidades de vida sostenible. Su obra sigue inspirando ahora a diseñadores, arquitectos y ecologistas, sirviendo de recordatorio de que, mediante la creatividad y la imitatividad, podemos encontrar soluciones a problemas sociales acuciantes. El arte es un poderoso medio para el cambio y el comentario social. A lo largo de la historia, los artistas han utilizado su capacidad creativa para desafiar las creencias imperantes, llamar la atención sobre las injusticias sociales, crear empatía y proponer soluciones imaginativas a problemas complejos. Los ejemplos expuestos en este párrafo demuestran cómo el arte tiene el potencial de alterar los sistemas establecidos, crear empatía entre los espectadores e inspirar a las personas para que imaginen y trabajen por un mundo mejor. Fomentar la creatividad y el desarrollo de habilidades artísticas en individuos de todas las edades puede, por tanto, desempeñar un papel vital en el fomento de la conciencia social, la empatía y el cambio positivo. La creatividad es una faceta vital del desarrollo humano que desempeña un papel significativo en el fomento de las habilidades artísticas a todas las edades. Al fomentar la creatividad y el desarrollo artístico, las personas pueden liberar todo su potencial, explorar nuevas ideas y expresarse de forma única e innovadora. En el mundo rápidamente cambiante de hoy en día, en el que la capacidad de pensar fuera de la esquina y adaptarse a nuevos retos es crucial, fomentar la creatividad se hace aún más esencial. Ya sea pintando, escribiendo o actuando, participar en actividades artísticas puede tener un profundo impacto en el desarrollo cognitivo, emocional y social de las personas. Uno de los principales beneficios de fomentar la creatividad y el desarrollo artístico a todas las edades es su impacto positivo en las capacidades cognitivas. Participar en actividades artísticas estimula diversas regiones de la psique, fomentando el desarrollo del pensamiento crítico, la resolución de problemas y la capacidad analítica. Crear una obra de arte requiere que los individuos piensen creativamente, programen y organicen sus ideas de forma lúcida y visualmente atractiva. Este procedimiento no sólo potencia las capacidades cognitivas de los individuos, sino que también mejora su capacidad de recordar y su puente de atención. Cuando los individuos participan en actividades artísticas, a menudo se les exige que tomen decisiones, evalúen distintas opciones y encuentren una solución innovadora al reto artístico. Esto no sólo ayuda a desarrollar su capacidad cognitiva, sino que también refuerza su capacidad para pensar de forma crítica y creativa en diferentes contextos. Fomentar la creatividad y el desarrollo artístico también tiene un impacto significativo en el bienestar emocional de los individuos. Las actividades artísticas proporcionan a los individuos un medio para expresar sus emociones, pensamientos y experiencias, permitiéndoles adquirir una comprensión más profunda de sí mismos y del mundo que les rodea. Ya sea pintando, escribiendo o actuando, las actividades artísticas proporcionan a las personas un medio para expresar sus sentimientos y emociones que pueden ser difíciles de articular verbalmente. En última instancia, esto puede conducir a una sensación de duración y publicación emocional, reduciendo la tensión y fomentando el bienestar psicológico general. Se ha comprobado que la participación en actividades artísticas mejora la autoestima y la confianza de los individuos en sí mismos. Crear algo único y bello infunde una sensación de felicitación y logro, aumentando la confianza del individuo en sus capacidades y fomentando una imagen positiva de sí mismo. Además de sus beneficios cognitivos y emocionales, fomentar la creatividad y el desarrollo artístico a todas las edades también desempeña un papel crucial en el fomento de las conexiones sociales y la promoción del intercambio cultural. Las actividades artísticas a menudo requieren que las personas colaboren y se comuniquen con otras, fomentando el trabajo en equipo, la empatía y las habilidades comunicativas eficaces. Participar en una salida dramatúrgica requiere coordinación y cooperación entre el actor, el director y otros miembros del equipo de salida. Esta naturaleza colaborativa de los esfuerzos artísticos proporciona a los individuos la oportunidad de comprender diferentes perspectivas, negociar ideas contradictorias y operar hacia un final común. Las actividades artísticas también pueden servir como programa de intercambio cultural, permitiendo a los individuos tratar su experiencia y tradición únicas con los demás. En este camino, la manifestación artística se convierte en un poderoso instrumento para fomentar la empatía, la comprensión y la admiración por la cultura y la perspectiva diversas. Fomentar la creatividad y el desarrollo de habilidades artísticas a todas las edades es crucial para promover el bienestar cognitivo, emocional y social. La capacidad de pensar creativamente y de expresarse artísticamente es esencial en el mundo actual, que cambia con rapidez y en el que se valoran mucho la adaptabilidad y la inventiva. Al participar en actividades artísticas, las personas pueden aumentar sus capacidades cognitivas, mejorar su bienestar emocional y fomentar las conexiones sociales. Es vital proporcionar a las personas los recursos y el apoyo necesarios para que exploren sus posibilidades creativas y se dediquen a actividades artísticas a lo largo de su vida.

V. PRIMERA INFANCIA

En la etapa de la primera infancia, los niños empiezan a desarrollar sus habilidades creativas y artísticas de un modo más estructurado y formal. Es el momento en que empiezan a explorar su imaginación y aprenden a expresarse mediante diversas formas artísticas. Una faceta clave de la creatividad en la primera infancia es el desarrollo de la motricidad fina. Cuando los niños participan en actividades como dibujar, colorear y pintar, no sólo aprenden a sujetar y controlar el material artístico, sino que también refuerzan su coordinación mano-ojo. Esto aumenta su capacidad para manipular herramientas, lo que es crucial para futuros esfuerzos artísticos. La primera infancia es un momento marcado por una inmensa extrañeza y un sentido de la pregunta. Los niños de esta etapa observan constantemente su entorno, se hacen preguntas y experimentan con lo que les rodea. Esta tendencia natural hacia la exploración y la experimentación fomenta la creatividad y permite a los niños cultivar su sensibilidad artística. La primera infancia es una época en la que los niños están expuestos a diversas formas y medios artísticos. Se encuentran con la eufonía, la danza, el juego y las humanidades visuales, que les proporcionan un rico abanico de oportunidades creativas. Al participar en estas diferentes formas de arte, los niños pueden descubrir sus intereses y aptitudes, e incluso encontrar su verdadero amor. La creatividad en la primera infancia no se limita a las formas artísticas tradicionales, sino que abarca también las actividades cotidianas. En esta etapa, los niños se dedican a correr con la imaginación, contar cuentos y representar papeles, actividades que contribuyen a su desarrollo creativo. Estas actividades permiten a los niños crear su propia narrativa, inventar personajes y explorar diversas perspectivas, que son habilidades esenciales para la manifestación artística. La creatividad en la primera infancia va más allá de la manifestación personal y fomenta el desarrollo de habilidades sociales y emocionales. Mediante las actividades artísticas, los niños aprenden a colaborar, transmitir y empatizar con los demás. Participan en proyectos de agrupación, tratan ideas y aprecian diferentes perspectivas. Esto no sólo aumenta su creatividad, sino que también desarrolla su capacidad para trabajar en colaboración y resolver conflictos. La creatividad en la primera infancia desempeña un papel vital en el desarrollo cognitivo. Las actividades artísticas requieren que los niños piensen críticamente, tomen decisiones y resuelvan problemas. Cuando los niños se dedican a actividades artísticas, están constantemente tomando decisiones sobre el color, la forma y la composición. Aprenden a experimentar con distintos materiales y técnicas, poniendo a prueba su propia idea y concepto. Este procedimiento de tribulación y error estimula su pensamiento analítico y su capacidad para resolver problemas. También refuerza su capacidad para pensar creativamente y abordar la tarea desde múltiples perspectivas. La creatividad en la primera infancia tiene un profundo efecto en el desarrollo general de los niños. Las investigaciones han demostrado que la participación en actividades creativas puede aumentar la confianza de los niños en sí mismos, su autoestima y su tenacidad. Cuando los niños se implican en esfuerzos artísticos, aprenden a asumir riesgos, cometer errores y mantenerse ante los retos. Desarrollan un sentido del logro y se felicitan por su funcionamiento, lo que contribuye a su bienestar general. La creatividad en la primera infancia proporciona a los niños un medio de autoexpresión y una vía para dar sentido a sus emociones. A través del arte, los niños pueden comunicar su forma de pensar, sus sentimientos y sus experiencias, aunque no tengan la frase para expresarse verbalmente. Aprenden a expresar su alegría, tristeza e ira, fomentando la regulación emocional y la resiliencia. La primera infancia es una época crítica para el desarrollo de la creatividad y las habilidades artísticas. Mediante diversas formas de arte, los niños perfeccionan su motricidad fina, exploran su imaginación y se expresan. La creatividad en la primera infancia no sólo mejora el desarrollo cognitivo, sino que también fomenta las habilidades sociales y emocionales. La participación en actividades creativas fomenta la confianza en uno mismo, la autoestima y el bienestar emocional. Es crucial fomentar y apoyar la creatividad a una edad temprana para garantizar el desarrollo holístico de los niños.

EXPOSICIÓN TEMPRANA A LA CREATIVIDAD Y AL ARTE

La creatividad y el desarrollo artístico son aspectos esenciales del aumento general cognitivo, emocional y social. Nunca se insistirá lo suficiente en la importancia de la exposición temprana a la creatividad y el arte, ya que proporciona a los niños una base fundamental para sus futuros esfuerzos artísticos. En los primeros días de vida, los niños tienen una rareza innata y ganas de explorar su entorno. Esta rareza debe alimentarse y fomentarse mediante diversas formas de expresión artística, como el dibujo, la pintura, la eufonía y la danza. Mediante estas actividades, los niños desarrollan sus habilidades centrífugas finas, su conciencia espacial y su creatividad. La exposición temprana a la creatividad y el arte puede mejorar las capacidades cognitivas del niño, como la resolución de problemas, el pensamiento crítico y la capacidad de tomar decisiones. Al participar en actividades creativas, los niños aprenden a pensar fuera de la esquina y a desarrollar un enfoque innovador de los retos, que son habilidades cruciales en diversas disciplinas y carreras. El arte proporciona una vía única para la expresión emocional y el autodescubrimiento. Cuando los niños crean arte, tienen la exención de expresar sus emociones, pensamientos y experiencias por una vía no verbal y sin prejuicios. Este procedimiento les permite desarrollar un sentido de identidad propia y explorar sus emociones en un entorno seguro y de apoyo. La expresión artística puede fomentar las conexiones sociales y las habilidades comunicativas. Participar en una clase de arte o en un proyecto artístico colaborativo permite a los niños interactuar con los demás, tratar ideas y colaborar en tareas creativas. Esta interacción social ayuda a los niños a desarrollar la empatía, las habilidades comunicativas y el aprecio por las diversas perspectivas. Estas habilidades son vitales para construir relaciones significativas y desenvolverse en situaciones sociales a lo largo de la vida. Además del aumento personal, la exposición temprana a la creatividad y el arte también contribuye a la apreciación y la conciencia culturales. El arte es un poderoso instrumento para explorar diferentes culturas, periodos históricos y cuestiones sociales. Al exponer a los niños a diversas formas de expresión artística, desarrollan la comprensión y la consideración de las distintas culturas y perspectivas. Esta mayor conciencia cultural conduce a un compañerismo más inclusivo y empático. La exposición temprana a la creatividad y al arte puede tener beneficios a largo plazo para las personas que siguen carreras artísticas. Al dar a los niños la oportunidad de participar en diversas actividades artísticas, pueden descubrir su afición y desarrollar sus habilidades artísticas. Esta exposición temprana también ayuda a los niños a construir una base sólida en técnica artística, estética y crónica del arte. Esta preparación temprana puede sentar las bases para futuros triunfadores y proporcionarles una ventaja a la hora de seguir enseñando o hacer carrera en las artes. La exposición temprana a la creatividad y al arte también puede tener un efecto positivo en el bienestar general. Se ha demostrado que participar en actividades creativas reduce la tensión, favorece la relajación y mejora la salud mental en general. El procedimiento de crear arte tiene una consecuencia terapéutica, que permite al individuo centrar su atención, reducir la ansiedad y obtener una sensación de logro. La expresión artística se ha utilizado como forma de terapia para apoyar al individuo con problemas de salud mental y fomentar la curación. La importancia de la exposición temprana a la creatividad y al arte es significativa en muchos aspectos del desarrollo humano. Al dar a los niños la oportunidad de expresarse artísticamente, pueden desarrollar habilidades cognitivas, emocionales y sociales esenciales. La exposición temprana a la creatividad y el arte mejora las capacidades cognitivas, favorece la expresión emocional y el autodescubrimiento, fomenta las conexiones sociales y promueve la apreciación cultural. Puede sentar las bases para futuras carreras artísticas y contribuir al bienestar general. Es crucial que el educador, los padres y la comunidad den prioridad y fomenten la exposición temprana a la creatividad y el arte como aspecto fundamental del crecimiento y el desarrollo humanos.

LA PRIMERA INFANCIA COMO PERIODO CRÍTICO PARA EL DESARROLLO DEL CEREBRO

Durante esta fase, el cerebro experimenta un rápido aumento y agitación, formando la base del aprendizaje, el comportamiento y la salud más adelante en la vida. El cerebro en desarrollo es muy sensible a las influencias y experiencias del entorno, lo que hace de este periodo una oportunidad primordial para estimular y nutrir el desarrollo cognitivo, emocional y social. La investigación ha demostrado que las experiencias e interacciones tempranas tienen un profundo impacto en la arquitectura del cerebro, moldeando su construcción y funcionamiento. La vulnerabilidad a un entorno rico y estimulante durante este periodo crítico puede mejorar la conexión sináptica, promover el desarrollo de la vía neural y optimizar la función general del cerebro. Por otra parte, las experiencias adversas, como la negligencia o los malos tratos, pueden tener efectos perjudiciales en el desarrollo cerebral, provocando un deterioro cognitivo, emocional y conductual duradero. Esto subraya la importancia de proporcionar a los niños entornos positivos, enriquecedores y estimulantes en sus primeros días para sentar las bases de un desarrollo cerebral sano y de su posterior prosperidad. Este periodo crítico se caracteriza por una mayor plasticidad, lo que significa que el cerebro es más maleable y responde mejor a las experiencias e intervenciones. La primera infancia presenta una ventana de oportunidad única en la que las intervenciones y las intervenciones pueden tener un impacto significativo en la formación del cerebro en desarrollo. La investigación ha demostrado que la estimulación temprana y el programa de enriquecimiento, como la enseñanza preescolar de alta calidad, pueden tener efectos positivos a largo plazo sobre las capacidades cognitivas, las habilidades lingüísticas y la preparación para la escolarización del niño. Las intervenciones tempranas para los retrasos del desarrollo, las dificultades de aprendizaje o los problemas de conducta pueden ser muy eficaces durante este periodo crítico, ya que el cerebro es más receptivo al cambio y a las intervenciones. Esto pone de relieve la importancia de la identificación e intervención tempranas en los niños que pueden estar en peligro de sufrir retrasos o discapacidades del desarrollo, ya que las intervenciones oportunas pueden mejorar significativamente los resultados y mitigar las posibles consecuencias a largo plazo. La primera infancia es un periodo de rápido desarrollo del lenguaje, en el que los niños adquieren habilidades lingüísticas a un ritmo asombroso. La plasticidad del cerebro y su receptividad a la adquisición del lenguaje durante este periodo lo convierten en un reloj óptimo para la estimulación lingüística y el aprendizaje del lenguaje. La vulnerabilidad a comentarios lingüísticos ricos y variados, como leer a los niños, participar en conversaciones y proporcionar entornos ricos en lenguaje, puede facilitar enormemente el desarrollo del lenguaje y sentar las bases de unas sólidas habilidades de alfabetización. Esto tiene una importancia significativa para los logros educativos más adelante en la vida, ya que las habilidades lingüísticas y de alfabetización son esenciales para los logros académicos y el bienestar socioemocional. La primera infancia es un periodo crítico para el desarrollo de las habilidades socioemocionales y la autorregulación. Durante este periodo, los niños adquieren competencias sociales y emocionales vitales, como la empatía, la regulación emocional y la resolución de conflictos. El calibre de las relaciones e interacciones tempranas, como el apego seguro con el cuidador y la relación de igualdad positiva, desempeña un papel crucial en el fomento del desarrollo socioemocional. Las intervenciones que fomentan el aprendizaje socioemocional y las interacciones igualitarias positivas durante la primera infancia pueden tener efectos duraderos en el bienestar emocional, la salud mental y la función social en etapas posteriores. La primera infancia es un periodo crítico para el desarrollo cerebral, en el que el cerebro es muy sensible a las influencias ambientales, las experiencias y las intervenciones. Las experiencias positivas y enriquecedoras durante este periodo pueden optimizar el desarrollo cerebral, mientras que las experiencias adversas pueden tener efectos perjudiciales. La mayor plasticidad y receptividad del cerebro en desarrollo durante la primera infancia introduce una ventana de oportunidad única para las intervenciones y las intervenciones que pueden dar forma a la arquitectura del cerebro y establecer la fase para el aprendizaje, el comportamiento y la salud posteriores. Proporcionar a los niños entornos nutritivos y estimulantes, identificar e intervenir precozmente en los retrasos del desarrollo, y darles oportunidades para el desarrollo del lenguaje y el desarrollo socioemocional son cruciales para apoyar un desarrollo cerebral óptimo en la primera infancia.

ACTIVIDADES ARTÍSTICAS QUE FOMENTAN LA MOTRICIDAD FINA Y LA COORDINACIÓN

La motricidad fina se refiere a los intrincados movimientos realizados con los pequeños músculos de las manos y los dedos, que son esenciales para actividades como escribir, dibujar, pintar y tocar instrumentos musicales. Del mismo modo, la coordinación implica la integración de los movimientos del torso de forma suave y eficaz. Al participar en actividades artísticas, las personas pueden mejorar su motricidad fina y su coordinación por diversos medios. Una forma en que las actividades artísticas fomentan la motricidad fina y la coordinación es mediante el uso de distintos medios artísticos. Pintar con pinceles de distintos tamaños y grosores exige coger el pincel correctamente y controlar los movimientos de la mano y los dedos para crear trazos precisos. Esto no sólo fortalece los músculos de la mano y los dedos, sino que también mejora la coordinación mano-ojo, ya que los individuos se centran en guiar el pincel para crear la consecuencia deseada en el lienzo. Del mismo modo, moldear barro o esculpir requiere que los individuos manipulen las manos y los dedos para dar a la materia una forma específica, lo que mejora aún más sus habilidades motoras finas y su coordinación. Las actividades artísticas que implican dibujar o esbozar permiten a los individuos perfeccionar sus habilidades motoras finas y su coordinación. Ya sea con lápiz, bolígrafo u otras herramientas de dibujo, las personas tienen que controlar los movimientos de la mano y los dedos para producir líneas, curvas y formas precisas. A medida que continúan ejercitándose, su motricidad fina mejora, lo que les permite crear arte más intrincado y detallado. La precisión requerida en el dibujo ayuda a los individuos a desarrollar una mejor coordinación mano-ojo, ya que aprenden a observar su tema y a trasladar la información visual al papel de periódico. Otra faceta de las actividades artísticas que contribuye al desarrollo de la motricidad fina y la coordinación es el acto de manipular diversos materiales. Cortar y pegar diferentes formas y texturas en la elaboración de collages requiere que las personas utilicen tijeras u otras herramientas de corte, así como pasta o adhesivo. Estas actividades requieren movimientos precisos de las manos para conseguir el resultado deseado. Del mismo modo, ensartar cuentas para crear joyas o tejer fibra en un predominio requiere que los individuos manipulen sus dedos y manos con destreza, fomentando la motricidad fina y la coordinación. Participar en estas experiencias táctiles aumenta el poder de los individuos para controlar los movimientos de sus manos, facilitando la sutileza de las habilidades motoras finas. Además del aspecto físico, las actividades artísticas también fomentan la motricidad fina y la coordinación mediante el compromiso cognitivo. El esfuerzo artístico a menudo requiere que los individuos planifiquen, elaboren estrategias y ejecuten sus ideas, estimulando así su capacidad cognitiva y de resolución de problemas. Al realizar actividades como dibujar, pintar o esculpir, los individuos deben tener en cuenta el maquillaje, la concordancia de colores y la relación espacial, entre otros elementos. Este compromiso cognitivo contribuye al desarrollo de la motricidad fina y la coordinación, ya que los individuos aprenden a plasmar sus ideas en una forma física, atendiendo al mismo tiempo a los detalles y a la consideración estética. Las actividades artísticas proporcionan a los individuos la oportunidad de desarrollar y mejorar sus habilidades motoras finas y su coordinación. Al participar en diversas formas y medios artísticos, los individuos pueden perfeccionar los movimientos de sus manos y dedos, fortaleciendo los músculos implicados y mejorando la coordinación mano-ojo. La manipulación de distintos materiales y la participación en procesos cognitivos como la planificación y la resolución de problemas facilitan aún más el desarrollo de la motricidad fina y la coordinación. Incorporar actividades artísticas a la vida de una persona a cualquier edad puede ser muy beneficioso, no sólo para la manifestación creativa, sino también para el desarrollo integral de la motricidad fina y la coordinación.

FOMENTAR EL APRENDIZAJE BASADO EN EL JUEGO Y LA IMAGINACIÓN

El juego es esencial para el desarrollo de habilidades cognitivas, físicas y sociales, y proporciona un terreno fértil para alimentar la imaginación y la creatividad. Jugando, los individuos pueden explorar distintos papeles, experimentar con ideas y crear su propia narrativa. El aprendizaje basado en el juego también permite a los individuos aprender a través de la tribulación y el error, fomentar la capacidad de resolver problemas y desarrollar un sentido de la rareza y la exploración. La imaginación es un poderoso instrumento de creatividad y expresión artística. Permite a los individuos imaginar posibilidades más allá de los límites del realismo y llevar esas visiones a la vida a través de diversos medios artísticos. Al fomentar la imaginación, los individuos pueden aprovechar su creatividad interior y explorar nuevas ideas, perspectivas y conceptos. Esto es especialmente relevante en el campo de las humanidades, donde los artistas a menudo se inspiran en su imaginación para crear obras únicas e innovadoras. Una forma de fomentar el aprendizaje basado en el juego y la imaginación es proporcionar materiales y un entorno abiertos que permitan a los individuos explorar y crear libremente. En la educación infantil, dar al niño amplias oportunidades de participar en juegos de simulación con accesorios y materiales puede estimular su imaginación y fomentar la narración de historias. Esta práctica permite al niño pequeño dar sentido al mundo que le rodea, expresar sus pensamientos y emociones y desarrollar su imaginación. Del mismo modo, en la enseñanza superior, proporcionar a los estudiantes un espacio creativo, como un estudio de arte o un espacio de trabajo colaborativo, puede fomentar el aprendizaje basado en el juego y la imaginación. Estos espacios permiten a los alumnos experimentar con distintos materiales, técnicas e ideas, y expresar libremente su creatividad sin opiniones ni limitaciones. Otra forma de fomentar el aprendizaje basado en el juego y la imaginación es incorporar elementos lúdicos y actividades al plan de estudios. El profesor puede diseñar juegos y ejercicios interactivos que exijan a los alumnos pensar creativamente, resolver problemas e imaginar nuevas posibilidades. Al incorporar el juego al procedimiento de aprendizaje, es más probable que los alumnos se mantengan comprometidos y motivados, y que desarrollen una comprensión más profunda del tema tratado. El aprendizaje basado en el juego anima a los alumnos a pensar de forma crítica e independiente, ya que se les exige que aporten sus propias ideas y soluciones. Además de proporcionar materiales abiertos e incorporar elementos lúdicos al plan de estudios, los educadores también pueden fomentar el aprendizaje basado en el juego y la imaginación promoviendo un entorno de apoyo y sin prejuicios. Cuando las personas se sienten seguras para asumir riesgos, cometer errores y explorar nuevas ideas, es más probable que participen en actividades creativas e imaginativas. Los educadores desempeñan un papel vital en la creación de un entorno así, valorando y reconociendo las diversas perspectivas, celebrando la creatividad y la imaginación, y proporcionando comentarios constructivos que fomenten el aumento y la exploración. La tecnología puede utilizarse para apoyar el aprendizaje basado en el juego y la imaginación. Las herramientas digitales, como los juegos interactivos y el realismo virtual, pueden proporcionar a los individuos experiencias inmersivas y atractivas que estimulen su imaginación y creatividad. La tecnología puede utilizarse para conectar a personas de distintos orígenes y culturas, permitiéndoles colaborar e intercambiar ideas, e inspirar nuevas formas de expresión artística. Fomentar el aprendizaje basado en el juego y la imaginación es fundamental para estimular la creatividad y el desarrollo artístico. El juego permite a los individuos explorar, experimentar y crear, mientras que la imaginación proporciona el fuego para la expresión creativa. Proporcionando materiales y un entorno abiertos, incorporando elementos lúdicos al plan de estudios, fomentando un entorno de apoyo y utilizando la tecnología, los educadores pueden crear oportunidades para que personas de todas las edades participen en el aprendizaje basado en el juego y den rienda suelta a su imaginación. Abrazando el juego y la imaginación, las personas pueden desarrollar sus habilidades creativas, mejorar su expresión artística y enriquecer su vida.

EL JUEGO COMO BASE DE LA CREATIVIDAD Y EL DESARROLLO ARTÍSTICO

Mediante el juego, los niños realizan actividades imaginativas y creativas que fomentan sus capacidades artísticas y mejoran sus habilidades cognitivas y sensoriales. El juego permite a los niños explorar su entorno, experimentar con diversos materiales y expresarse libremente. Esta exploración sin restricciones no sólo estimula su desarrollo artístico, sino que también alimenta su creatividad y su capacidad para resolver problemas. Cuando los niños participan en juegos de simulación, utilizan su capacidad de imitación para crear escenarios, personajes y argumentos ficticios. Este juego imaginativo no sólo les permite expresarse, sino que también les reta a pensar críticamente y a resolver problemas mientras navegan por su mundo inventado. El juego suele implicar la utilización de diversos materiales artísticos, como lápices de colores, pintura y barro, lo que permite a los niños experimentar con distintos medios y desarrollar sus habilidades artísticas. La sensación táctil de manipular estos materiales potencia su desarrollo sensorial, su coordinación y sus habilidades centrífugas finas. El juego proporciona a los niños un programa para expresar sus emociones, pensamientos y experiencias de forma creativa y constructiva. Al participar en diversas formas de juego, como el dibujo, la narración o el teatro, los niños pueden comunicar sus sentimientos e ideas, adquiriendo un sentido de autoexpresión y autorización. Al fomentar el juego, los padres, educadores y cuidadores pueden estimular la creatividad y el desarrollo artístico del niño, sentando las bases para una vida de exploración y manifestación artísticas. El juego promueve el desarrollo holístico y potencia diversas habilidades cognitivas, emocionales y sociales. Participar en actividades creativas durante el tiempo de juego estimula el desarrollo cognitivo del niño al poner a prueba su capacidad para resolver problemas, su pensamiento crítico y su conciencia espacial. Al construir un armatoste con bloques de construcción, los niños deben conceptualizar el diseño, planificar su acción y desarrollar una estrategia para superar cualquier reto. Mediante este procedimiento, aprenden a abordar los problemas analíticamente y a desarrollar sus habilidades de razonamiento lógico. El juego involucra emocionalmente a los niños, permitiéndoles explorar y expresar sus emociones a través de una salida creativa. Esta exploración emocional fomenta la autoconciencia, la empatía y la regulación emocional, mejorando sus noticias emocionales generales. El juego fomenta la cooperación, la comunicación y la interacción social, ya que los niños suelen participar en juegos de colaboración con sus compañeros. Esta interacción social no sólo favorece su desarrollo socioemocional, sino que también cultiva habilidades importantes como hablar, compartir y adoptar perspectivas. Al participar en actividades lúdicas que promueven la manifestación artística, los niños desarrollan un mayor sentido de empatía y comprensión de la perspectiva de los demás, lo que fomenta una relación positiva y un sentido de pertenencia. Se ha demostrado que las actividades artísticas basadas en el juego repercuten positivamente en los logros académicos y la autoestima. Los estudios han indicado que integrar la enseñanza de las humanidades en el currículo académico mejora la ejecución académica general de los alumnos. Al incorporar formas artísticas como la eufonía, el teatro y las humanidades visuales a la asignatura tradicional, se anima a los alumnos a abordar el aprendizaje de forma creativa y multisensorial, mejorando su participación y comprensión del material. Participar en actividades artísticas durante el recreo puede aumentar la autoestima y la confianza en uno mismo. Cuando se da a los niños la exención de explorar sus habilidades artísticas, expresar sus ideas y recibir comentarios positivos, desarrollan un sentimiento de logro y se felicitan por sus logros creativos. Esta mayor autoestima no sólo contribuye a su bienestar general, sino que también les motiva a seguir explorando y desarrollando sus habilidades artísticas. El juego sirve de base crucial para la creatividad y el desarrollo artístico a cualquier edad. Al participar en diversas formas de juego, los niños pueden explorar su posible creatividad, desarrollar sus habilidades artísticas y mejorar su desarrollo cognitivo, emocional y social. El juego proporciona a los niños un programa para la autoexpresión, la resolución de problemas y el pensamiento imaginativo, fomentando una admiración de por vida por las humanidades. Al fomentar y abrazar el juego como elemento esencial de la infancia, los padres, educadores y cuidadores pueden apoyar el desarrollo holístico de los niños, alimentando su creatividad y sus posibilidades artísticas.

EL JUEGO IMAGINATIVO FOMENTA EL CRECIMIENTO COGNITIVO Y EMOCIONAL

Desde la primera infancia hasta la edad adulta, participar en juegos imaginativos permite a las personas experimentar con nuevas ideas, desarrollar habilidades para resolver problemas y explorar sus emociones en un entorno seguro y controlado. La investigación ha demostrado sistemáticamente que el juego imaginativo tiene numerosos beneficios para el desarrollo cognitivo. Al crear escenarios y personajes imaginarios, los individuos pueden poner en práctica su pensamiento creativo y su capacidad para resolver problemas. Se les anima a pensar más allá, a idear soluciones únicas y a considerar múltiples perspectivas. Este tipo de flexibilidad cognitiva es esencial para navegar por la complejidad del mundo moderno y encontrar soluciones innovadoras a diversos retos. El juego imaginativo también desempeña un papel crucial en el crecimiento emocional. A lo largo del procedimiento de participar en juegos imaginativos, las personas tienen la oportunidad de explorar y expresar sus emociones de forma segura y no amenazadora. Pueden experimentar con distintos papeles y personalidades, lo que les permite comprender y navegar mejor por sus propias emociones y por las de los demás. Un niño puede fingir ser un médico, cuidando de su paciente imaginario, lo que le permite empatizar y comprender los sentimientos de los demás. Este tipo de juego permite explorar distintas situaciones emocionales, lo que puede ser especialmente útil para quienes luchan por regular sus emociones o tienen dificultades para expresarse. Proporciona un desahogo creativo para emociones que de otro modo podrían reprimirse o malinterpretarse. El juego imaginativo anima a los individuos a desarrollar sus habilidades comunicativas y sociales. Cuando participan en un juego imaginativo, los individuos deben colaborar, negociar y comunicarse eficazmente con los demás para crear un argumento lúcido y atractivo. Este tipo de interacción fomenta el desarrollo de importantes habilidades sociales, como la escucha activa, la toma de turnos y la cooperación. Además, el juego imaginativo suele producirse en grupo, lo que proporciona a los individuos la oportunidad de practicar habilidades como el liderazgo, la resolución de disputas y el compromiso. Estas habilidades no sólo son esenciales para las relaciones sociales y personales, sino que también son muy valoradas en el ámbito educativo y profesional. El juego imaginativo también puede tener efectos duraderos en el desarrollo artístico. Cuando los individuos participan en el juego imaginativo, se les exige constantemente que utilicen su creatividad e imitatividad para dar vida a su idea. Este ejercicio constante de la imitatividad puede tener un profundo impacto en las habilidades artísticas. Ya sea creando un globo de fantasía o diseñando disfraces y atrezzo, las personas que participan en el juego imaginativo perfeccionan constantemente sus habilidades artísticas. Tienen la oportunidad de experimentar con distintas formas de arte, como dibujar, pintar y esculpir, para dar vida a su mundo imaginario. Este tipo de participación creativa fomenta la confianza artística, permitiendo a los individuos explorar su talento artístico y desarrollar un estilo artístico único. El juego imaginativo es una poderosa herramienta que fomenta el crecimiento cognitivo y emocional de las personas. Desde la primera infancia hasta la edad adulta, participar en juegos imaginativos proporciona numerosos beneficios, como una mayor flexibilidad cognitiva, una mejor comprensión emocional y el desarrollo de importantes habilidades sociales. El juego imaginativo tiene un profundo impacto en el desarrollo artístico, permitiendo a los individuos perfeccionar sus capacidades creativas y artísticas. Animar y promover el juego imaginativo a todas las edades es esencial para fomentar la creatividad y el desarrollo artístico, así como para el crecimiento personal y social. La creatividad y el desarrollo artístico desempeñan un papel crucial en el crecimiento personal y la autoexpresión. Fomentar la creatividad y el desarrollo de las habilidades artísticas a todas las edades no sólo es beneficioso para la realización individual, sino también para el progreso de la sociedad. Desde una edad temprana, los niños deben tener la oportunidad de explorar diversos medios artísticos y participar en actividades creativas. Esto fomenta su imitatividad y les anima a pensar fuera de la esquina. A medida que crecen, esta creatividad adquiere un valor incalculable, ya que son capaces de abordar los problemas con soluciones innovadoras. El desarrollo artístico permite a los individuos comunicar su pensamiento, emoción y experiencia de forma única y significativa. El arte puede trascender la barrera de las palabras y expresar un mensaje que la frase por sí sola no puede. Sirve como palabra universal, conectando a masas de diferentes orígenes y culturas. Involucrarse en el arte puede tener un beneficio terapéutico, sirviendo como forma de autoexpresión y proporcionando un desahogo a las emociones. Fomentar la creatividad y el desarrollo artístico a lo largo de la vida de una persona ayuda a cultivar un individuo completo. En la etapa inicial de la enseñanza, debe hacerse hincapié en proporcionar una amplia gama de experiencias artísticas. Esto puede incluir la exposición a distintas formas de arte, como la pintura, la escultura, la eufonía y la dramaturgia. Al hacerlò, los niños tienen la oportunidad de descubrir su interés personal y su talento, al tiempo que desarrollan una admiración por diversas formas de arte. La enseñanza del arte debe ir más allá de la mera enseñanza de técnicas y habilidades; debe fomentar el pensamiento crítico, la resolución de problemas y la creatividad. Esto puede lograrse mediante el aprendizaje basado en proyectos y la asignación de tareas abiertas que permitan al alumno expresar su propia idea e interpretación únicas. A medida que los individuos avanzan hacia la adolescencia y la madurez, sus habilidades e intereses creativos pueden evolucionar. Es crucial seguir fomentando el desarrollo artístico durante esta etapa proporcionando oportunidades para una mayor exploración y crecimiento. Esto puede hacerse mediante clases de arte, talleres y programas comunitarios que ofrezcan preparación especializada y exposición a distintos medios artísticos. Es esencial crear un entorno de apoyo e inclusivo en el que las personas se sientan seguras para tratar sus operaciones y recibir comentarios constructivos. Esto puede lograrse mediante un club de arte, una exposición y la colaboración con artistas locales. Fomentar la creatividad y el desarrollo artístico a todas las edades no sólo beneficia a las personas, sino que también contribuye al progreso de la sociedad. El arte tiene el poder de desafiar la norma establecida y provocar el discurso sobre cuestiones sociales importantes. Al proporcionar un programa para que se escuchen voces diversas, el arte puede provocar alteraciones positivas y promover el jurismo social. El arte tiene el poder de inspirar, impulsar y unir a las comunidades. Tiene el poder de crear un sentimiento de pertenencia y alimentar la empatía permitiendo a los individuos conectar con los demás a un nivel emocional. El arte también contribuye a la individualidad cultural de una sociedad, preservando la tradición y celebrando la variedad. La creatividad y el desarrollo artístico deben fomentarse a todas las edades. Los beneficios de participar en actividades artísticas y cultivar las habilidades creativas son diversos y de gran alcance. Desde la realización personal y la autoexpresión hasta el fomento de la invención, el arte desempeña un papel crucial en el crecimiento individual y social. Al proporcionar oportunidades de exploración, aprendizaje y autoexpresión, los individuos pueden cultivar su talento artístico y contribuir al paño cultural de sus comunidades. La publicidad de la creatividad y el desarrollo artístico a todas las edades garantiza que el arte siga siendo un componente integral de nuestra sociedad, inspirando y enriqueciendo la vida de los individuos durante generaciones.

VI. EDAD ESCOLAR

Los años escolares desempeñan un papel crucial en el desarrollo de la creatividad y las habilidades artísticas. Durante ellos, los alumnos están expuestos a una amplia gama de materias y actividades que contribuyen a alimentar sus capacidades creativas. Los centros escolares tienen la responsabilidad de proporcionar un entorno propicio en el que los alumnos puedan explorar sus intereses y desarrollar su talento artístico. Una forma en que las escuelas pueden hacerlo es ofreciendo una variedad de clases de arte y actividades extraescolares. Ya sea pintura, dibujo, escultura o fotografía, estas clases brindan a los alumnos la oportunidad de experimentar con distintos medios y técnicas, permitiéndoles descubrir su talento artístico único. Las clases de arte también enseñan a los alumnos habilidades importantes como la reflexión, la resolución de problemas y la autoexpresión, que son aplicables a diversas disciplinas y aspectos de la vida. Además de las clases de arte, las escuelas también pueden incorporar la creatividad a otras materias académicas. Los profesores pueden animar a los alumnos a pensar de forma creativa en asignaturas como literatura, ciencias y matemáticas. La lectura y el análisis de obras literarias no sólo permite a los alumnos apreciar la belleza de las palabras, sino que también fomenta su capacidad de imitación y de pensamiento creativo. En ciencias, se puede animar a los alumnos a diseñar y realizar experimentos, fomentando su rareza y su capacidad de pensamiento crítico. Las matemáticas, a menudo vistas como un tema rígido y formulista, pueden enseñarse de una forma que fomente la resolución creativa de problemas, ayudando a los alumnos a desarrollar una comprensión más profunda del concepto matemático. Las escuelas pueden fomentar la creatividad y el desarrollo artístico ofreciendo oportunidades para que los alumnos participen en actividades y eventos culturales. Una excursión a un museo de arte, al teatro o a una representación eufónica puede exponer a los alumnos a distintas formas de arte y cultivar su admiración por el esfuerzo creativo de los demás. Estas experiencias sirven como fuente de aspiración y pueden ampliar el horizonte artístico de los alumnos. Los centros escolares pueden organizar concursos de talentos, concursos artísticos o producciones teatrales, que permitan a los alumnos mostrar sus habilidades y talentos en un entorno de apoyo y aliento. Participar en este tipo de eventos no sólo aumenta la confianza de los alumnos, sino que también les permite desarrollar habilidades esenciales como el trabajo en equipo, hablar en público y comunicarse eficazmente. Es importante que los centros escolares reconozcan y apoyen los intereses y talentos artísticos individuales de sus alumnos. Los alumnos tienen habilidades y pasiones diversas, y es crucial que los centros ofrezcan oportunidades que satisfagan una amplia gama de intereses artísticos. Al hacerlo, los centros pueden crear un entorno integrador en el que todos los alumnos se sientan valorados y apoyados en su búsqueda creativa. Reconocer y celebrar los talentos únicos de los alumnos puede fomentar un sentimiento de felicitación y logro, animándoles a seguir desarrollando sus capacidades artísticas. Los años escolares son un momento crucial para el desarrollo de la creatividad y las habilidades artísticas. Los centros escolares tienen la responsabilidad de proporcionar un entorno propicio en el que los alumnos puedan explorar sus intereses y desarrollar su talento artístico. Ofreciendo una variedad de clases de arte e incorporando la creatividad a otras materias académicas, las escuelas pueden alimentar la creatividad de los alumnos y ayudarles a desarrollar importantes habilidades aplicables a diversos aspectos de la vida. Ofrecer oportunidades para que los alumnos participen en actividades y eventos culturales y reconocer y apoyar los intereses y talentos artísticos individuales son vitales para fomentar la creatividad y el desarrollo de las habilidades artísticas. Con el apoyo y el impulso adecuados, los alumnos pueden dar rienda suelta a su creatividad posible, lo que les conducirá a un crecimiento personal y a un futuro brillante.

INTEGRAR LAS ARTES EN EL PLAN DE ESTUDIOS

Integrar las artes en el plan de estudios no sólo enriquece la sensación educativa de los alumnos, sino que también fomenta el desarrollo de habilidades y competencias esenciales. Al incorporar diversas formas artísticas a las materias académicas tradicionales, la escuela crea un entorno de aprendizaje multidimensional que fomenta la creatividad, el pensamiento crítico y la autoexpresión. Una de las principales ventajas de integrar las artes en el plan de estudios es que anima a los alumnos a comprometerse con los materiales de aprendizaje de una forma más significativa y personal. Ilustrar un concepto científico o explorar un acontecimiento histórico mediante las artes escénicas no sólo ayuda a los alumnos a comprender el tema, sino que también les permite conectar emocionalmente, haciendo que el aprendizaje resulte más memorable e impactante. Las artes brindan a los alumnos la oportunidad de desarrollar habilidades que son transferibles a otros ámbitos de su vida y de su futura carrera profesional. Al participar en actividades artísticas como pintar, bailar o tocar un instrumento musical, los alumnos mejoran sus habilidades centrífugas finas, la coordinación mano-ojo y la razón espacial. Estas habilidades físicas y cognitivas son esenciales en numerosas profesiones, como la arquitectura, la explotación y la ingeniería. Integrar las artes en el plan de estudios cultiva el pensamiento crítico y la capacidad de resolver problemas. Cuando los alumnos participan en procesos artísticos como la lluvia de ideas, la experimentación con materiales y la toma de decisiones sobre elementos artísticos, aprenden a pensar de forma creativa y analítica, buscando soluciones alternativas y adoptando múltiples perspectivas. Estas habilidades son vitales en el complejo y rápidamente cambiante mundo actual, donde se valora mucho la capacidad de adaptarse, innovar y resolver problemas de forma creativa. Integrar las artes en el plan de estudios fomenta la autoexpresión y el crecimiento personal. La actividad artística proporciona a los alumnos un programa para expresar libremente su pensamiento, emoción e idea, aumentando así su autoestima y confianza. Participar en actividades artísticas fomenta la autorreflexión y la introspección, permitiendo a los alumnos comprender claramente su propia identidad, creencias y valores. Esta autoconciencia es crucial para el crecimiento personal y el bienestar, ya que permite al individuo tomar decisiones con conocimiento de causa y afrontar los retos de la vida con resiliencia y autenticidad. A pesar de los numerosos beneficios de integrar las artes en el plan de estudios, hay algunos retos a los que puede enfrentarse la escuela al implantar este programa. Un inconveniente común es la escasez de recursos y financiación disponibles para la educación artística. Debido a las restricciones económicas, muchos centros escolares tienen dificultades para proporcionar materiales adecuados, equipamiento y profesores cualificados para las clases de arte. Como consecuencia, algunos alumnos pueden no tener acceso a la educación artística que merecen, lo que dificulta su desarrollo integral. El énfasis en los exámenes estandarizados y en la ejecución académica puede eclipsar la importancia de las artes en el plan de estudios. Con el creciente énfasis en las asignaturas stanch (habilidad, ingeniería, ingeniería y matemáticas) , a menudo se pasa por alto o se margina la educación artística. Este estrecho enfoque en los logros académicos descuida el objetivo más amplio de la educación, como fomentar la creatividad, la admiración cultural y el crecimiento personal. A pesar de estos desafíos, es crucial que los educadores, los responsables políticos y la comunidad en su conjunto reconozcan la importancia de integrar las artes en el plan de estudios. Al proporcionar a los alumnos una educación completa que abarque tanto las ciencias como las artes, les dotamos de la cognición, las habilidades y la perspectiva necesarias para triunfar en el siglo XXI. Como dijo en una ocasión el renombrado reformista de la educación Sir Sight Robinson: "Las artes, las ciencias, las artes, la educación física, la lengua y las matemáticas tienen un papel igual, central y fundamental que desempeñar en una educación equilibrada, rigurosa y estimulante." "Integrar las artes en el plan de estudios no es sólo invertir en el rendimiento académico de nuestros alumnos, sino también en su desarrollo general como individuos completos.

BENEFICIOS DE LA EDUCACIÓN ARTÍSTICA EN EL RENDIMIENTO ACADÉMICO

Una de las razones más convincentes para incorporar la educación artística al currículo académico es el importante efecto que tiene en la ejecución académica. Numerosos estudios han revelado una correlación positiva entre la educación artística y la mejora del rendimiento académico en diversas disciplinas académicas. En primer lugar, la participación en actividades artísticas como la eufonía, la danza y el juego potencian el desarrollo cognitivo, sobre todo en áreas como el pensamiento crítico, la resolución de problemas y la razón espacial. Mediante el proceso de crear y expresarse artísticamente, los alumnos se enfrentan al reto de pensar críticamente, analizar la situación desde múltiples perspectivas y encontrar soluciones innovadoras, habilidades que son transferibles a materias académicas como las matemáticas, la destreza y las artes del lenguaje. Se ha demostrado que la educación artística mejora la lectura y las habilidades lingüísticas. Los estudios han descubierto que los alumnos que participan en actividades relacionadas con las artes demuestran una mayor capacidad de comunicación verbal y escrita en comparación con sus compañeros. El proceso de interpretar y analizar obras artísticas promueve el desarrollo del lenguaje ampliando el léxico, mejorando la inclusión y fomentando una manifestación oral y escrita eficaz. Participar en actividades como actuar o hablar en público puede aumentar la confianza y la autoestima, factores que contribuyen en gran medida al rendimiento académico. La educación artística contribuye a mejorar la motivación y el compromiso académico general. La naturaleza creativa y dinámica de las actividades artísticas cautiva la inquietud de los alumnos y supone una refrescante ruptura con la enseñanza tradicional en las aulas. Al ofrecer una amplia gama de experiencias artísticas, las escuelas pueden aprovechar la motivación intrínseca de los alumnos y cultivar su amor por el aprendizaje. Cuando los alumnos se implican personalmente y participan activamente en su educación, es más probable que destaquen académicamente, persistan ante los retos y se conviertan en aprendices para toda la vida. La naturaleza colaborativa de la educación artística fomenta un sentimiento de pertenencia y comunidad, promoviendo una relación positiva entre iguales y un entorno de aprendizaje propicio. La incorporación de la educación artística a las escuelas también puede abordar las necesidades únicas de aprendizaje de alumnos con estilos de aprendizaje, capacidades y antecedentes diversos. Las artes proporcionan vías alternativas de aprendizaje y manifestación, permitiendo a los alumnos mostrar su talento, generar confianza y mejorar su autoidentidad. Para los alumnos que pueden tener dificultades con el enfoque académico convencional, la educación artística ofrece una vía inclusiva y accesible para comprometerse con la sustancia del currículo. Los estudios han demostrado que la integración de las artes en el aula beneficia a los alumnos con diversas necesidades de aprendizaje, incluidos los discapacitados y los que aprenden inglés. Al proporcionar una salida multisensorial y creativa, la educación artística permite a todos los alumnos conectar con su sensación de aprendizaje, reforzando su autoeficacia y su incremento académico. La educación artística nutre las habilidades y el carácter que son esenciales en la fuerza laboral del siglo XXI. Con el rápido avance de la ingeniería y la globalización, los empleadores buscan cada vez más personas que posean creatividad, adaptabilidad, colaboración y capacidad de pensamiento crítico. La educación artística cultiva estas habilidades animando a los alumnos a explorar ideas innovadoras, asumir riesgos y cooperar con los demás. Al integrar la educación artística en el currículo académico, las escuelas pueden desarrollar individuos completos que no sólo sean competentes académicamente, sino que también posean las habilidades esenciales necesarias para prosperar en el trabajo moderno. La comprensión de la educación artística en el currículo académico ofrece numerosos beneficios, como la mejora de la ejecución académica, la mejora de las habilidades lingüísticas, el aumento del compromiso y la motivación, el ajuste a las diversas necesidades de aprendizaje y el desarrollo de habilidades esenciales para la mano de obra del siglo XXI. La educación artística fomenta el pensamiento crítico, la creatividad, la autoexpresión y la colaboración, habilidades que son vitales para que los estudiantes tengan éxito académico y prosperen en su siguiente actividad. Al reconocer el inmenso beneficio que la educación artística aporta a los estudiantes, es crucial que las instituciones educativas den prioridad a las artes e inviertan en ellas como elemento integral de una educación completa y completa.

ACTIVIDADES ARTÍSTICAS QUE MEJORAN LA EXPERIENCIA GLOBAL DE APRENDIZAJE

Las actividades artísticas mejoran enormemente la experiencia global de aprendizaje, independientemente de los años. Dedicarse a la búsqueda creativa y a la expresión artística ayuda a fomentar el pensamiento crítico, la capacidad de resolver problemas y el desarrollo cognitivo. Anima a los individuos a pensar con originalidad, explorar perspectivas diferentes y desafiar las formas tradicionales de pensar. Mediante las actividades artísticas, las personas pueden comunicar ideas, emociones y experiencias de forma única y creativa. Esto no sólo mejora su capacidad para expresarse, sino también para comprender a los demás y empatizar con ellos. Participar en actividades artísticas permite a los individuos desarrollar un sentido de autoconciencia y confianza en sí mismos, ya que son capaces de ver cómo su idea y su creación cobran vida. Esto puede mejorar enormemente su aprendizaje general y su crecimiento personal. Las actividades artísticas también proporcionan a los individuos un programa para explorar la diversidad cultural y fomentar la inclusión social. Al participar en diversas formas de arte, las personas pueden conocer otras culturas, tradiciones y perspectivas. Esto fomenta un sentido de admiración y consideración por la diversidad, así como la capacidad de entablar un diálogo y una colaboración significativos con los demás. Esto no sólo mejora su comprensión del mundo, sino que también fomenta la empatía y la obligación social. Participar en actividades artísticas puede tener un efecto positivo en la salud mental y el bienestar de las personas. Se ha demostrado que la expresión artística reduce la tensión, la ansiedad y el desánimo, ya que proporciona un desahogo sano y constructivo de las emociones. Permite a las personas explorar y procesar sus pensamientos y sentimientos de forma creativa y sin prejuicios. Se ha descubierto que las actividades artísticas mejoran la concentración, el enfoque y la capacidad de recordar, ya que los individuos deben prestar atención a lo particular, establecer conexiones y analizar la información. Esto puede mejorar enormemente su experiencia general de aprendizaje y su ejecución académica. Participar en actividades artísticas fomenta la autodisciplina, la perseverancia y una mentalidad de crecimiento. Mediante el procedimiento de crear arte, las personas aprenden a aceptar los retos, aprender de los errores y permanecer ante los obstáculos. Esta resistencia y decisión son habilidades transferibles que pueden aplicarse a otros ámbitos de su vida y contribuir a su éxito personal y profesional en general. Participar en actividades artísticas fomenta la innovación y la creatividad, que son habilidades esenciales en el cambiante mundo actual. Al animar a las personas a pensar de forma creativa y a desarrollar sus habilidades artísticas, estamos cultivando una civilización de innovación y adaptabilidad. Las actividades artísticas permiten a los individuos abordar los problemas y los retos desde ángulos diferentes, explorar soluciones novedosas y pensar de forma innovadora. Esta resolución creativa de problemas es una habilidad valiosa en diversas disciplinas e industrias, ya que permite a las personas encontrar formas nuevas e innovadoras de abordar cuestiones complejas. Las actividades artísticas mejoran enormemente la experiencia general de aprendizaje. Promueven el pensamiento crítico, la capacidad de resolver problemas y el desarrollo cognitivo. Fomentan la autoexpresión, la confianza en uno mismo y la autoconciencia. Promueven la diversidad cultural, la inclusión social y la empatía. Mejoran la salud mental y el bienestar. Mejoran la concentración, la atención y la memoria. Fomentan la autodisciplina, la perseverancia y una mentalidad de crecimiento. Y fomentan la innovación y la creatividad. Al fomentar y apoyar las actividades artísticas, no sólo mejoramos la experiencia de aprendizaje de las personas, sino que también las preparamos para alcanzar el éxito en todos los aspectos de su vida. El desarrollo artístico no es sólo una forma de ocio o diversión; es una faceta fundamental del crecimiento y el desarrollo humanos. La creatividad y la expresión artística deben fomentarse y nutrirse a todas las edades, ya que tienen la fuerza de transformar a las personas y a la comunidad.

FOMENTAR EL AMOR POR LAS ARTES MEDIANTE LA EXPOSICIÓN

Como estandartes humanos, tenemos un parentesco natural hacia la creatividad y la autoexpresión, y las artes nos proporcionan un intermediario único para satisfacer esta necesidad. Al exponer a los individuos a diversas formas de arte, les permitimos explorar y descubrir sus propias capacidades creativas. Esta exposición puede adoptar muchas formas, como visitar galerías de arte, asistir a conciertos o representaciones teatrales, o incluso participar en actividades artísticas prácticas como pintar o cantar. A través de estas experiencias, las personas no sólo adquieren aprecio por las distintas formas de arte, sino que también desbloquean sus propias posibilidades de creatividad. La exposición a las artes fomenta el aprecio por la estética y el aturdimiento. Cuando los individuos están expuestos a obras de arte, son capaces de presenciar el poder de la manifestación artística y el aturdimiento que puede transmitirse a través de distintos medios. Esta exposición permite a los individuos desarrollar un sentido de la estética, permitiéndoles apreciar y reconocer el valor de la Creación artística. Ya se trate de una pintura cautivadora, un trozo de eufonía cargado de emoción o una poderosa ejecución de danza, la exposición a estas manifestaciones artísticas infunde en los individuos un sentido de pregunta y reverencia. Este aprecio por la estética no sólo mejora la comprensión de las artes, sino que también se extiende a otros aspectos de la vida, como la arquitectura, el diseño e incluso la naturaleza. La exposición a las artes tiene el poder de inspirar y despertar la creatividad en los individuos. Cuando somos testigos de la imitación y la invención que se despliegan en el trabajo artístico, se dispara nuestro propio pensamiento creativo y nos anima a explorar nuestras propias habilidades artísticas. Quien asiste a un concierto puede sentirse inspirado para aprender a tocar un instrumento o componer su propia eufonía. Del mismo modo, la exposición a la pintura o la escultura puede encender el amor por las artes visuales y llevar a las personas a experimentar con diversas técnicas artísticas. Al alimentar este amor por las artes mediante la exposición, estamos proporcionando a los individuos la herramienta y la inspiración para aprovechar su propio posible creativo. La exposición a las artes fomenta la comprensión cultural y la empatía. El arte tiene el poder de trascender las palabras y la barrera cultural, permitiendo a los individuos conectar con los demás a un nivel más profundo. Al exponer a las personas a diversas formas de arte de todo el mundo, ampliamos su perspectiva y fomentamos la empatía hacia una cultura y una sociedad diferentes. Esta exposición anima a los individuos a abrazar la variedad, respetar las distintas tradiciones artísticas y celebrar la magnificencia de la manifestación humana. A través de las artes, podemos tender puentes entre comunidades diferentes y fomentar un sentimiento de unidad y comprensión. Cultivar el amor por las artes mediante la exposición es primordial para el desarrollo de la creatividad y las habilidades artísticas. Al exponer a las personas a diversas formas de arte, les permitimos apreciar la estética, encender su propia creatividad y fomentar la comprensión cultural. Las artes proporcionan un intermediario inestimable para la autoexpresión y ofrecen un medio para que los individuos exploren sus propias capacidades creativas. Mediante la exposición a las artes, no sólo enriquecemos nuestra vida con aturdimiento e inspiración, sino que también contribuimos al desarrollo holístico de los individuos y de la comunidad en su conjunto. Es esencial que demos prioridad y promovamos oportunidades para que personas de todas las edades se involucren en las artes, ya que es a través de esta exposición como podemos darnos cuenta plenamente del poder transformador de la creatividad.

EXCURSIONES A MUSEOS, TEATROS Y GALERÍAS

Estas salidas proporcionan a los alumnos la inestimable oportunidad de relacionarse con diversas formas de arte, ampliando su horizonte artístico y mejorando su capacidad creativa. Museo, Ofrecen una diversa gama de arte de diferentes épocas y culturas, animando a los alumnos a apreciar y analizar la expresión artística a través del tiempo y del infinito. Al exponer a los alumnos a una superfluidad de estilos y técnicas artísticas, el museo despierta su imitatividad y les inspira a experimentar con su propia Creación artística. El teatro, por su parte, permite a los alumnos experimentar la actuación en directo y ser testigos de la fuerza transformadora de la actuación, el baile y el canto. Estas experiencias no sólo exponen a los alumnos a distintas técnicas de narración, sino que también les ayudan a desarrollar su empatía y sus noticias emocionales, al comprometerse con la representación de personajes y narrativas complejas por parte del actor. Los viajes a galerías ofrecen a los alumnos la oportunidad de contemplar arte contemporáneo e interactuar con los artistas, conociendo mejor su procedimiento creativo y la motivación que hay detrás de su obra. Los alumnos pueden entablar conversación con los artistas, hacer preguntas e incluso aprender sobre diversas formas de arte mediante talleres y demostraciones. Este encuentro activo con el arte ayuda a los estudiantes a desarrollar una profunda admiración por la expresión artística y la diversa gama de perspectivas e ideas que abarca.

ARTISTAS E INTÉRPRETES QUE INSPIRAN A LOS ESTUDIANTES

Otro método valioso para fomentar la creatividad y el desarrollo artístico de los alumnos es la comprensión de artistas e intérpretes invitados. Al traer a profesionales de diversos campos creativos, los alumnos pueden exponerse a diferentes estilos y técnicas a los que de otro modo no tendrían acceso. Estos artistas invitados pueden servir de mentores y modelos, proporcionando orientación e inspiración mientras los estudiantes navegan por sus propios viajes artísticos. La visita de profesionales al campus puede exponer a los estudiantes a las realidades y exigencias de una carrera artística, ayudándoles a comprender mejor el compromiso y la dedicación necesarios para triunfar en este campo. Un beneficio importante de los artistas e intérpretes invitados es la posibilidad de que los alumnos aprendan de su experiencia y su sentir. Observando a los profesionales en actividad, los alumnos pueden hacerse una idea de las habilidades técnicas y las técnicas artísticas que contribuyen al éxito de una ejecución o arte. Los artistas invitados pueden demostrar estilos o enfoques diferentes, exponiendo a los alumnos a perspectivas diversas y proporcionándoles una comprensión más amplia de la corrección artística elegida. Esta exposición puede ser especialmente impactante para los estudiantes que no tengan acceso a tales recursos en su comunidad local o que estén limitados por el ámbito de su programa educativo. Al traer artistas invitados, los colegios y universidades dan a los estudiantes la oportunidad de interactuar con profesionales y aprender directamente de su experiencia, lo que a su vez puede ayudar a fomentar el desarrollo de las propias habilidades artísticas de los estudiantes. Los artistas e intérpretes invitados también pueden servir de mentores y modelos para los estudiantes, proporcionándoles orientación, impulso e inspiración. Estas personas a menudo han pasado por experiencias artísticas similares y pueden compartir su experiencia personal y sus consejos con los alumnos. Al oír hablar de los retos y los éxitos a los que se han enfrentado estos profesionales, los estudiantes pueden adquirir un punto de vista y una mejor comprensión de las posibilidades que les aguardan en su propia búsqueda artística. Tener a alguien a quien admirar y de quien aprender puede ser un poderoso incentivo, que anime a los estudiantes a esforzarse creativamente y a luchar por la excelencia en su actividad. La conexión que se forma entre los estudiantes y los artistas invitados puede continuar más allá de la visita inicial, ya que los estudiantes pueden buscar más orientación y tutoría de estos profesionales incluso después de que haya terminado su paso por el campus. Además de proporcionar tutoría e inspiración, los artistas e intérpretes invitados también pueden exponer a los estudiantes las realidades de una carrera artística. Invitando a profesionales a visitar el campus, las facultades y universidades pueden facilitar la conversación sobre los retos y exigencias de seguir una carrera en la industria creativa. Esto puede ayudar a los estudiantes a tomar decisiones informadas sobre su futuro artístico y prepararlos para las realidades del mundo profesional. Comprender el compromiso y la dedicación necesarios para triunfar en las artes puede ser muy valioso para los estudiantes mientras navegan por su trayectoria educativa y profesional. Al presenciar el duro trabajo y el amor de los artistas e intérpretes invitados, los estudiantes pueden desarrollar una comprensión realista del esfuerzo necesario no sólo para sobresalir en el campo elegido, sino también para encontrar satisfacción y gratificación en su esfuerzo creativo. Los artistas e intérpretes invitados desempeñan un papel crucial en el fomento de la creatividad y el desarrollo de las habilidades artísticas de los estudiantes universitarios. Gracias a su experiencia, tutoría y exposición a las realidades de una carrera artística, los estudiantes pueden adquirir una valiosa capacidad de percepción, inspiración y orientación. Al traer profesionales al campus, las instituciones educativas proporcionan a los estudiantes una experiencia única y transformadora que puede mejorar sus trayectorias artísticas y dar forma a su futuro como profesionales creativos. La creatividad y el desarrollo artístico son aspectos cruciales del crecimiento humano y deben fomentarse a todas las edades. La expresión artística permite a las personas explorar sus emociones, comunicar su pensamiento y sus ideas, y adquirir una comprensión más profunda de sí mismas y del mundo que las rodea. Desde pequeños, los niños poseen una tendencia natural hacia la creatividad, como demuestra su pasión por el dibujo, la pintura y la carrera imaginativa. A medida que crecen, las expectativas sociales, las presiones académicas y el hecho de centrarse en lo práctico a menudo ahogan su desarrollo artístico. Es esencial que los educadores, los padres y la sociedad en su conjunto reconozcan la grandeza de fomentar la creatividad y ofrecer oportunidades para la exploración artística en todas las fases de la vida. Fomentar la creatividad y el desarrollo artístico de los niños es de la mayor grandeza, ya que les proporciona una poderosa vía de autoexpresión. A través del arte, los niños son capaces de comunicar su forma de pensar, sus sentimientos y sus experiencias de una forma que la frase por sí sola no puede captar. Esto puede ser especialmente beneficioso para los niños que tienen dificultades para comunicarse verbalmente o para expresar sus emociones. La actividad artística les permite exteriorizar su globo interior y tratar su perspectiva única con los demás. Participar en un esfuerzo creativo promueve el desarrollo cognitivo, la capacidad de resolver problemas y fomenta el sentido de la rareza y la imitatividad. El significado de la creatividad no debe limitarse a la puerilidad. La adolescencia y la madurez son etapas igualmente críticas para el desarrollo artístico. Durante ellas, los individuos atraviesan el reto y la transición de la autoidentidad y el crecimiento personal. La creatividad puede servir como instrumento terapéutico y transformador para navegar por esta complejidad. Para los adolescentes, el arte puede proporcionarles un sentido de dirección y mando frente a las presiones sociales y académicas. Les capacita para encontrar su vocalización, expresar su individualismo y abrazar su singularidad. La actividad artística, como pintar, dibujar y escribir, puede servir como salida catártica para la angustia adolescente, ayudándoles a sobrellevar los altibajos emocionales propios de la adolescencia. Del mismo modo, los adultos pueden beneficiarse enormemente de dedicarse a actividades creativas. En un mundo que a menudo exige conformidad y sentido práctico, la expresión artística ofrece una vía para la autorreflexión, el crecimiento personal y el deleite renovado. Permite a los adultos volver a conectar con su niño interior, explorar nuevas posibilidades y desafiar sus ideas preconcebidas. La creatividad fomenta el bienestar mental, reduce la tensión y aumenta la gratificación general en la vida. Para alimentar la creatividad y el desarrollo artístico, es esencial proporcionar a las personas entornos de apoyo que fomenten la exploración artística a todas las edades. Esto empieza con la educación temprana, donde el arte debería ser un componente integral del programa de estudios. La escuela debería dar prioridad a la clase de arte, facilitar el acceso a material y suministros artísticos y animar a los alumnos a participar en diversos medios artísticos. Los educadores deberían adoptar una obertura multidisciplinar, integrando el arte en otras asignaturas como habilidad, crónica y literatura. Al vincular el arte con la sustancia académica, los alumnos tienen la oportunidad de desarrollar habilidades de pensamiento crítico, establecer conexiones y comprender conceptos complejos de una forma más holística. Más allá de la educación formal, los padres y cuidadores desempeñan un papel crucial en el fomento de la creatividad. Deben proporcionar a los niños oportunidades de correr sin límites, vulnerabilidad ante distintas formas de arte y apoyar su esfuerzo artístico. Esto puede conseguirse visitando galerías de arte, museos y fomentando la participación en programas artísticos comunitarios. Además, los padres deberían abstenerse de imponer expectativas o juicios predeterminados sobre la expresión artística de sus hijos, permitiéndoles la exención de explorar y experimentar sin temor a perder. La sociedad debería valorar y respetar las actividades creativas de las personas de todas las edades. El esfuerzo artístico debe fomentarse, apoyarse y celebrarse mediante la financiación de programas artísticos comunitarios, la instalación de arte público y el reconocimiento de los logros de los artistas. Al fomentar un entorno que valore la expresión artística, la sociedad puede cosechar los numerosos beneficios que conlleva, como una mayor creatividad, inventiva y una admiración más profunda por la perspectiva diversa de sus miembros. La creatividad y el desarrollo artístico deben acogerse y fomentarse en todas las etapas de la vida. Desde la puerilidad hasta la edad adulta, la expresión artística proporciona a los individuos un poderoso medio de comunicación, crecimiento personal y autorreflexión. Alimentar la creatividad requiere un intento de colaboración por parte de educadores, padres y sociedad, que implique la provisión de entornos de apoyo, educación multidisciplinar y reconocimiento de los logros artísticos. Fomentando la creatividad y el desarrollo artístico, podemos desbloquear todo lo posible de los individuos, enriquecer su vida y crear una sociedad más vibrante y empática.

VII. ADOLESCENCIA

La adolescencia, séptima etapa de la vida según la hipótesis psicosocial de Erik Erikson, es un punto crucial para el desarrollo de la creatividad y las habilidades artísticas. Durante esta etapa, que suele ocurrir entre los 12 y los 18 años, los individuos experimentan importantes cambios físicos, cognitivos y emocionales. Estos cambios crean una oportunidad única para la exploración y expresión de las capacidades artísticas. Los adolescentes suelen mostrar un mayor idealismo y un deseo de descubrir su propia individualidad, por lo que es un momento ideal para fomentar y alimentar su creatividad. La mayor capacidad de pensamiento abstracto durante este periodo permite a los adolescentes pensar más profundamente sobre sus esfuerzos artísticos y el mensaje que quieren transmitir. La reestructuración cognitiva que tiene lugar durante la adolescencia permite a los individuos dedicarse a la resolución de problemas y a la toma de decisiones más complejas, habilidades que son esenciales en la disciplina artística. Los adolescentes pueden experimentar con diferentes técnicas, materiales y estilos artísticos para desarrollar su propia vocalización y estilo artísticos. Los cambios emocionales que se producen durante la adolescencia también contribuyen al desarrollo de la creatividad y las habilidades artísticas. Los adolescentes suelen experimentar emociones intensas y buscan una salida para expresarse. La actividad artística proporciona un medio para que los individuos procedan y comuniquen esta emoción de forma sana y constructiva. Ya sea a través de la pintura, la escritura o la interpretación, los adolescentes pueden canalizar sus sentimientos en su operación creativa, lo que les permite encontrar la publicación y la auto-comprensión. La búsqueda artística puede fomentar un sentido de pertenencia y comunidad durante esta etapa de la vida. Los adolescentes suelen buscar la adopción y el reconocimiento de sus iguales, y las actividades artísticas pueden proporcionar una preocupación compartida y generar camaradería. Unirse a una agrupación de dramaturgia o participar en un grupo nocturno de humanidades visuales no sólo permite a los adolescentes desarrollar sus habilidades artísticas, sino que también ofrece oportunidades de colaboración e interacción social. En este camino, el desarrollo artístico puede contribuir al establecimiento de la amistad y al perfeccionamiento de una red de apoyo durante la adolescencia. Fomentar la creatividad y el desarrollo de las habilidades artísticas en la adolescencia tiene beneficios a largo plazo. Los adolescentes que participan en actividades artísticas tienen más probabilidades de desarrollar habilidades como la resolución de problemas, el pensamiento crítico y la comunicación eficaz, habilidades muy valoradas en diversos ámbitos académicos y profesionales. La exploración y expresión de la creatividad durante esta etapa puede ayudar a los individuos a descubrir su pasión e interés, lo que puede orientar su elección vocacional y contribuir a un sentido de realización y objetivo en la vida. Al fomentar el desarrollo artístico en la adolescencia, la sociedad no sólo invierte en el crecimiento personal y el bienestar de los individuos, sino que también nutre a las próximas coevoluciones de artistas, innovadores y pensadores creativos. La adolescencia es una etapa crítica para el desarrollo de la creatividad y las habilidades artísticas. La transformación física, cognitiva y emocional que se produce en este momento proporciona una oportunidad única para que los individuos exploren y expresen sus capacidades artísticas. Fomentar y apoyar el desarrollo artístico en la adolescencia no sólo contribuye al crecimiento personal y al autodescubrimiento, sino que también cultiva importantes habilidades que pueden beneficiar a los individuos en diversos ámbitos de la vida. Reconociendo el significado de esta etapa y proporcionando recursos y oportunidades adecuados para la exploración artística, la sociedad puede fomentar el crecimiento de futuros artistas y pensadores creativos, contribuyendo a una sociedad vivaz y culturalmente rica.

OFRECER OPORTUNIDADES DE AUTOEXPRESIÓN

La expresión artística permite a los individuos explorar sus sentimientos, pensamientos e ideas en un camino único y personal. Al proporcionar un infinito para la autoexpresión, los individuos pueden desarrollar un sentido de identidad y mejorar su bienestar emocional. Esto es especialmente importante para los niños pequeños, ya que participar en actividades creativas les ayuda a comprender y comunicar sus experiencias y emociones antes de que tengan la capacidad verbal para hacerlo. El impulso de la autoexpresión en los niños pequeños puede fomentar una actitud positiva hacia el arte y las actividades creativas, lo que puede tener un impacto duradero en su desarrollo artístico general. Al proporcionar oportunidades de autoexpresión, se capacita a las personas para descubrir y cultivar su talento e interés únicos. Esto puede conducir a un sentimiento de autoconfianza y a una mayor admiración por las artes. Ofrecer oportunidades de autoexpresión no se limita a los niños pequeños. Los adolescentes y los adultos también pueden beneficiarse enormemente de participar en actividades creativas. En el acelerado y estresante mundo actual, muchas personas encuentran consuelo y se relajan mediante la expresión artística. Ya sea pintando, escribiendo, tocando un instrumento musical o bailando, participar en actividades creativas permite a las personas desconectar de sus responsabilidades diarias y expresarse libremente. Esto puede tener un profundo impacto en la salud mental y el bienestar general. Las investigaciones han demostrado que participar en actividades creativas puede reducir el nivel de tensión, mejorar el clima e incluso aliviar los síntomas de ansiedad y decaimiento. Proporcionando oportunidades para que las personas exploren su creatividad y se alisten en la expresión artística, podemos promover la salud mental y fomentar el incremento personal. Ofrecer oportunidades de autoexpresión fomenta la colaboración y la interacción social. Las actividades creativas como la dramaturgia, el conjunto de eufonía o el taller de arte de estudio suelen implicar trabajar en grupo o en equipo. Estas experiencias de colaboración proporcionan a los individuos la oportunidad de comunicarse, tratar ideas y aprender de los demás. Al participar en la colaboración creativa, los individuos pueden desarrollar habilidades importantes como la resolución de problemas, la comunicación y el trabajo en equipo. Estas habilidades no sólo son esenciales para el desarrollo artístico, sino también transferibles a otros ámbitos de la vida, incluido el laboral. Fomentando la colaboración y la interacción social a través del esfuerzo artístico, podemos formar individuos completos dotados de las habilidades necesarias para triunfar en un mundo diverso e interconectado. Ofrecer oportunidades de autoexpresión permite a los individuos contribuir a sus comunidades y tener un impacto positivo en la sociedad. El arte tiene la fuerza de provocar el pensamiento, cuestionar las normas y suscitar el diálogo. Al animar a los individuos a expresarse artísticamente, les permitimos tratar su perspectiva única y contribuir a la magnificencia cultural de sus comunidades. Ya sea mediante una instalación de arte público, una representación dramática comunitaria o una lectura literaria, la expresión artística puede unir a las masas, promover el entendimiento e inspirar el cambio social. Al ofrecer oportunidades de autoexpresión, capacitamos a las personas para que utilicen su voz y su creatividad para abordar cuestiones sociales importantes, fomentar la empatía y crear una sociedad más integradora y compasiva. Ofrecer oportunidades de autoexpresión es crucial para fomentar la creatividad y el desarrollo de habilidades artísticas a todas las edades. Alimentando la autoexpresión, las personas pueden desarrollar un sentido de identidad, mejorar su bienestar emocional y fomentar una actitud positiva hacia las artes. Participar en actividades creativas promueve la salud mental, fomenta la colaboración y la interacción social, y permite a las personas contribuir a sus comunidades. Como educador, padre y miembro de la comunidad, es nuestra obligación proporcionar espacio y oportunidades para que los individuos exploren su creatividad y se expresen artísticamente, ya que los beneficios se extienden mucho más allá del propio reino del arte.

LAS SALIDAS ARTÍSTICAS COMO MEDIO DE LIBERACIÓN EMOCIONAL

Las salidas artísticas, como pintar, escribir o tocar un instrumento musical, se reconocen desde hace tiempo como poderosos medios de liberación emocional. El acto de crear arte puede proporcionar a las personas una vía segura y constructiva para canalizar y expresar sus emociones. Muchas personas descubren que participar en actividades artísticas les permite acceder a su pensamiento y sentimientos internos, lo que les ayuda a comprender y procesar mejor las emociones complejas. Esto puede ser especialmente beneficioso para las personas que tienen dificultades con la expresión verbal, ya que el arte proporciona un método alternativo de comunicación. A través del arte, las personas pueden crear una representación visual de sus emociones, lo que les permite exteriorizar y afrontar su agitación interior. Utilizando el color, la forma y la línea, el artista puede transmitir sus emociones con un nivel de profundidad y sutileza que la frase a menudo no consigue aprovechar. El propio proceso de crear arte puede servir como forma de terapia, permitiendo a los individuos encontrar consuelo y solaz en el acto de innovar. Para muchos individuos, participar en actividades artísticas proporciona una sensación de catarsis. El acto de crear arte permite a los individuos liberar emociones y experiencias reprimidas, proporcionándoles una sensación de alivio y liberación. Esto es especialmente cierto en los casos en que las emociones son demasiado abrumadoras o complejas para articularlas a través de los medios de comunicación tradicionales. A través del arte, las personas pueden explorar y expresar toda la gama de sus emociones, incluidas las que son difíciles o están prohibidas. Este proceso de liberación emocional puede tener una consecuencia transformadora, permitiendo a las personas adquirir una mayor sensación de claridad y comprensión de su propio paisaje emocional. Involucrarse en salidas artísticas puede proporcionar una sensación de autorización y control sobre las propias emociones. Crear arte permite a los individuos tomar las riendas de sus emociones, transformándolas en algo tangible y manejable. En este camino, el arte se convierte en un instrumento de autoexpresión y autodescubrimiento, que permite a los individuos navegar y dar sentido a su propio viaje emocional. Al exteriorizar y afrontar sus emociones a través del arte, los individuos adquieren una sensación de dominio y control sobre sus propias experiencias, mejorando su sensación general de bienestar. Las salidas artísticas también tienen la capacidad de fomentar la conexión y facilitar la curación emocional. Mediante la expresión creativa, los individuos pueden conectar con los demás a un nivel profundo y personal, fomentando un sentimiento de empatía y comprensión. Las formas artísticas, como la dramaturgia o la eufonía, tienen la fuerza de suscitar una respuesta emocional tanto en el Todopoderoso como en el entrevistado, creando una experiencia compartida que fomenta la conexión y la curación. Participar en actividades artísticas dentro de una comunidad de apoyo puede proporcionar a las personas un sentimiento de pertenencia y validación. La comunidad artística suele servir como espacio seguro en el que los individuos pueden expresarse abiertamente sin temor a la opinión o al rechazo. Dentro de esta comunidad, las personas pueden relacionarse con otras que comparten sus experiencias y emociones, encontrando apoyo y validación en su esfuerzo artístico. Las salidas artísticas proporcionan a los individuos un medio de liberación emocional y autoexpresión. A través del arte, las personas pueden exteriorizar y afrontar emociones complejas, lo que les proporciona una sensación de alivio y catarsis. Participar en actividades artísticas también capacita a los individuos para tomar el control de sus emociones y adquirir una comprensión más profunda de su paisaje emocional. El arte tiene la capacidad de fomentar la conexión y facilitar la curación emocional al proporcionar a los individuos un intermediario para expresarse y conectar con los demás. Así pues, fomentar el desarrollo de la habilidad artística y promover la creatividad a todas las edades es crucial para apoyar a los individuos en su bienestar emocional y aumento personal.

COMUNIDADES ARTÍSTICAS QUE FOMENTAN EL SENTIMIENTO DE PERTENENCIA

Formar parte de una comunidad artística proporciona a los individuos una sensación de adopción y comprensión de la que pueden carecer en otros aspectos de su vida. En estas comunidades, los individuos pueden expresarse libremente sin temor a opiniones o críticas. Están rodeados de personas con ideas afines que comparten una pasión y un interés similares, creando un entorno en el que su amor por el arte no sólo se aprecia, sino que se celebra. Este sentimiento de pertenencia puede ser especialmente vital para las personas que pueden sentirse marginadas o incomprendidas en la sociedad convencional. Los individuos que se identifican como LGBTQ+ pueden encontrar consuelo y adopción dentro de comunidades artísticas conocidas por su inclusividad y festividad de la variedad. Las personas de distintos orígenes culturales pueden reunirse en comunidades artísticas para aprender y apreciar la forma de arte de los demás, fomentando la comprensión y la unidad intercultural. Estas comunidades también proporcionan un esquema de apoyo a los individuos, alimentando su crecimiento y desarrollo artísticos. Los artistas de estas comunidades suelen colaborar e inspirarse mutuamente, empujándose unos a otros a alcanzar nuevas cimas creativas. Los comentarios y la orientación que reciben de otros artistas pueden ser inestimables para ayudarles a perfeccionar sus habilidades y explorar nuevas vías artísticas. El sentimiento de camaradería y apoyo mutuo dentro de las comunidades artísticas puede ayudar a las personas a superar los retos y contratiempos inherentes al proceso creativo. Las comunidades artísticas proporcionan un infinito seguro donde los individuos pueden experimentar, arriesgarse y aprender de sus errores sin miedo a perder. Este entorno de apoyo anima a los individuos a explorar su creatividad y desarrollar al máximo sus habilidades artísticas. El sentimiento de pertenencia que se fomenta en estas comunidades se extiende más allá del reino artístico y puede tener un efecto positivo en el bienestar general de los individuos. La investigación ha demostrado que la pertenencia es un deseo psicológico fundamental, y que satisfacer este deseo contribuye a un mayor nivel de felicidad y gratificación a lo largo de la vida. Cuando los individuos tienen un sentimiento de pertenencia, es más probable que tengan resultados positivos de bienestar mental, como la reducción de los sentimientos de soledad, ansiedad y desánimo. Las comunidades artísticas ofrecen a los individuos la oportunidad de conectar con otras personas que comparten su interés y pasión, reduciendo los sentimientos de aislamiento y proporcionando una sensación de objetivo y realización. Formar parte de una comunidad artística también puede mejorar las habilidades sociales y las relaciones interpersonales de los individuos. A través del proyecto de colaboración, la exposición en grupo y el taller, los individuos aprenden a comunicarse, cooperar y negociar eficazmente con los demás. Estas habilidades no sólo son valiosas dentro de la comunidad artística, sino también transferibles a otros ámbitos de su vida, como el trabajo y las relaciones personales. Las comunidades artísticas desempeñan un papel vital en el fomento del sentido de pertenencia entre las personas. Crean un entorno de apoyo en el que los individuos se sienten valorados, comprendidos y aceptados por su amor al arte. Este sentimiento de pertenencia no sólo alimenta el crecimiento y el desarrollo artístico de los individuos, sino que también contribuye a su bienestar y felicidad generales. Ya sea mediante la colaboración, la aspiración o simplemente la oportunidad de conectar con personas de ideas afines, las comunidades artísticas proporcionan un infinito único para que los individuos exploren su creatividad y desarrollen sus habilidades artísticas. Al fomentar un sentimiento de pertenencia, estas comunidades capacitan a los individuos para expresarse con autenticidad y contribuir a las ricas cintas de manifestación artística de nuestra sociedad.

DESARROLLAR EL PENSAMIENTO CRÍTICO Y LA CREATIVIDAD

El pensamiento crítico implica la capacidad de analizar información y tomar decisiones bien fundadas. Es una habilidad crucial en diversos aspectos de la vida, como la educación, la vocación y la resolución de problemas. Al fomentar el pensamiento crítico, las personas pueden desarrollar una comprensión más profunda de temas complejos, mejorar sus capacidades cognitivas y emitir juicios sensatos. La creatividad es igualmente importante, ya que permite a los individuos explorar diferentes perspectivas, generar ideas innovadoras y encontrar soluciones únicas a los problemas. Tanto en las artes como en las ciencias, la creatividad desempeña un papel vital a la hora de ampliar los límites, desafiar el pensamiento convencional e impulsar el progreso. En el reino de la educación, el perfeccionamiento del pensamiento crítico y la creatividad es crucial para fomentar un entorno de aprendizaje atractivo y estimulante. Cuando se anima a los alumnos a pensar críticamente, son capaces de cuestionar la información que se les presenta y profundizar en el tema. Esto fomenta el aprendizaje activo y ayuda a los alumnos a desarrollar habilidades de resolución de problemas. Cuando el alumno se involucra en el pensamiento crítico, se convierte en un alumno más independiente y seguro de sí mismo, capaz de analizar la información desde múltiples perspectivas. Integrando la creatividad en el procedimiento educativo, el educador puede capacitar a los alumnos para pensar con originalidad y abordar los problemas con soluciones innovadoras. Esto, a su vez, les prepara para el reto al que se enfrentarán en su próxima carrera profesional. El pensamiento crítico y la creatividad son fundamentales para triunfar en la mano de obra moderna. En un mundo tan dinámico y cambiante como el actual, los empresarios buscan cada vez más personas capaces de pensar críticamente y adaptarse a nuevas situaciones. El pensamiento crítico permite a los empleados evaluar la información objetivamente, valorar el riesgo y tomar decisiones con conocimiento de causa. También les permite identificar posibles problemas y desarrollar soluciones eficaces. Además, la creatividad se valora mucho en el trabajo, ya que impulsa la invención y fomenta una frontera competitiva. La creatividad permite a los empleados abordar la tarea con una perspectiva nueva, lo que da lugar a ideas nuevas e innovadoras que pueden impulsar a una clientela. Así pues, los individuos que poseen sólidas habilidades de pensamiento crítico y creatividad tienen más probabilidades de prosperar en su carrera y contribuir al aumento y los logros de su organización. El pensamiento crítico y la creatividad no se limitan a disciplinas o campos de estudio específicos; son esenciales para cualquier persecución intelectual. En las artes, el pensamiento crítico ayuda a los individuos a analizar e interpretar las obras de arte, fomentando una admiración y comprensión más profundas. La creatividad, por otra parte, permite al artista experimentar con diferentes técnicas y estilos, lo que conduce a la innovación de obras de arte únicas y cautivadoras. En las ciencias, el pensamiento crítico permite al investigador cuestionar la teoría existente, elaborar hipótesis y diseñar experimentos. La creatividad en las ciencias a menudo conduce a grandes avances y progresos en diversos campos. Integrar el pensamiento crítico y la creatividad tanto en las artes como en las ciencias mejora el calibre general y el efecto del esfuerzo intelectual. Desarrollar el pensamiento crítico y la creatividad es crucial para las personas de todas las edades y en diversos ámbitos. Ya sea en la educación, la mano de obra o la búsqueda intelectual, el pensamiento crítico permite a los individuos analizar la información, tomar decisiones informadas y desarrollar habilidades para resolver problemas. La creatividad, por otra parte, anima a los individuos a pensar con originalidad, generar ideas innovadoras y encontrar soluciones únicas. Cultivando estas habilidades, los individuos pueden mejorar sus capacidades cognitivas, ampliar sus perspectivas y contribuir a la progresión y el aumento en sus respectivos campos.

FOMENTAR LA EXPERIMENTACIÓN Y LA ASUNCIÓN DE RIESGOS EN EL ARTE

El desarrollo artístico es un proceso líquido y en constante evolución que requiere el impulso de la experimentación y la asunción de riesgos. Cuando se da al individuo la libertad de explorar distintos medios, técnicas e ideas, es más probable que descubra perspectivas únicas y amplíe los límites de su creatividad. Al fomentar un entorno que promueva la experimentación, los artistas pueden desarrollar sus habilidades y crear obras de arte significativas e innovadoras. Permitir la experimentación en el arte permite a los artistas liberarse de la norma convencional y explorar nuevas posibilidades. Cuando se anima a los artistas a salir de su zona de confort y probar cosas nuevas, pueden explorar estilos y técnicas diferentes que de otro modo no habrían considerado. Este proceso de experimentación puede conducir al desarrollo de su propia voz y estilo artísticos únicos. Al asumir riesgos y salir de su zona de confort, los artistas pueden desafiarse a sí mismos y superar los límites de sus propias capacidades artísticas. La experimentación también abre oportunidades de aprendizaje y aumento. Al probar nuevas técnicas o medios, los artistas pueden ampliar su conjunto de habilidades y desarrollar una comprensión más profunda de su oficio. Pueden obtener nuevas perspectivas y conocimientos que mejoren aún más sus habilidades artísticas. Mediante la experimentación, los artistas pueden aprender tanto de sus éxitos como de sus fracasos, lo que les permite desarrollar sus habilidades y fortalecer su ejercicio artístico. Alentar la experimentación y la asunción de riesgos en el arte fomenta la civilización de la invención y la creatividad. Cuando a los artistas se les da libertad para explorar y asumir riesgos, es más probable que se les ocurran ideas únicas y rompedoras. El proceso creativo prospera con la experimentación y la exploración de nuevas posibilidades. Al animar a los artistas a asumir riesgos, estamos abriendo la posibilidad a creaciones artísticas rompedoras que quizá nunca antes se hubieran imaginado. Además, la experimentación y la asunción de riesgos en el arte pueden conducir a la exploración personal y de uno mismo. El arte tiene la fuerza de conectar al individuo con su interior y proporcionarle un medio de autoexpresión. Cuando se anima a los artistas a experimentar y asumir riesgos, pueden profundizar en su propia emoción, pensamiento y experiencia. Este proceso de autoexploración puede ser increíblemente transformador, permitiendo a los artistas adquirir una mayor comprensión de sí mismos y de su lugar en el mundo. Abrazar la experimentación y la asunción de riesgos en el arte fomenta un sentimiento de resistencia y adaptabilidad. El desarrollo artístico suele estar marcado por altibajos, éxitos y fracasos. Al animar a los artistas a asumir riesgos y experimentar, les estamos enseñando a aceptar el fracaso como una oportunidad de aprendizaje y a persistir ante las dificultades. Esta resistencia y adaptabilidad no sólo son valiosas en el ámbito artístico, sino también en otros aspectos de la vida. Los artistas que han aprendido a asumir riesgos y a experimentar están mejor equipados para afrontar los retos y encontrar soluciones creativas. Fomentar la experimentación y la asunción de riesgos en el arte es esencial para el desarrollo de los artistas a todos los niveles. Al permitir que los artistas exploren distintos medios, técnicas e ideas, les proporcionamos la libertad de descubrir su propia voz y estilo artísticos únicos. La experimentación fomenta el aumento personal, la invención y la autoexploración, al tiempo que cultiva la resistencia y la adaptabilidad. A medida que fomentamos un entorno que abraza la experimentación, podemos esperar ver el crecimiento de creaciones artísticas rompedoras que amplíen los límites de la creatividad e inspiren nuevas posibilidades.

LAS ACTIVIDADES ARTÍSTICAS COMO FORMA DE EXPLORAR LA IDENTIDAD PERSONAL

Las actividades artísticas ofrecen una vía única y valiosa para que las personas exploren y comprendan su identidad personal. Al participar en diversas formas de arte y actividades creativas, los individuos pueden profundizar en sus emociones, pensamientos y experiencias, facilitando una comprensión más profunda de quiénes son como individuos. La manifestación artística permite a los individuos comunicar sus pensamientos y sentimientos más íntimos de una forma que suele ser difícil de conseguir por otros medios. Ya sea a través de la pintura, la escritura, la danza o cualquier otra forma artística, el proceso creativo permite a los individuos explorar y expresar sus propias perspectivas y experiencias únicas. Una forma en que las actividades artísticas pueden ayudar a explorar la identidad personal es proporcionando un medio a través del cual los individuos pueden documentar y reflexionar sobre sus experiencias vitales. El arte permite a los individuos captar sus pensamientos y emociones en un momento concreto del tiempo, creando una representación teatral tangible de su identidad en esa encrucijada concreta. Un hombre con lentes puede elegir capturar una serie de imágenes que simbolicen su viaje de autodescubrimiento, permitiéndole reflexionar sobre cómo sus experiencias han conformado su identidad. Del mismo modo, un autor puede utilizar el verso o la prosa como medio para explorar y expresar su incremento personal y su desarrollo a lo largo del tiempo. El arte ofrece un infinito seguro para que los individuos experimenten con distintas perspectivas e identidades. A través de las actividades artísticas, los individuos tienen la oportunidad de salir de su papel habitual y explorar narrativas y posibilidades alternativas. Esto puede ser especialmente valioso para las personas que se enfrentan a cuestiones de identidad propia o que experimentan un punto de cambio en sus vidas. Un coreógrafo puede utilizar la danza como forma de explorar distintos aspectos de su personalidad, probando distintos movimientos y estilos para comprender mejor quién es como Terpsícore y como individuo. Al experimentar con nuevas formas de manifestación artística, los individuos pueden descubrir aspectos previamente desconocidos de sí mismos, lo que conduce a una mayor comprensión y adopción de su identidad personal. Dedicarse a actividades artísticas permite a los individuos enfrentarse y desafiar las expectativas y normas sociales, proporcionando un programa para la exploración del valor y la creencia personales. El arte tiene la fuerza de desafiar ideas y estereotipos profundamente arraigados, permitiendo a los individuos expresar su verdadero yo de una forma que puede no ser posible en su vida cotidiana. Un artista visual puede elegir crear una serie de pinturas abstractas que desafíen la noción social de aturdimiento o cuestionen el papel tradicional de la sexualidad. A través del proceso de crear y compartir estas obras de arte, los individuos son capaces de afirmar sus propias perspectivas y valores únicos, contribuyendo al diálogo en curso en torno a la identidad personal y las expectativas sociales. Las actividades artísticas ofrecen una valiosa vía para que las personas exploren y comprendan su identidad personal. Al participar en diversas formas de arte y actividades creativas, pueden documentar sus experiencias vitales y reflexionar sobre ellas, experimentar con distintas perspectivas e identidades y cuestionar las expectativas y normas sociales. El proceso creativo permite a los individuos comunicar sus pensamientos y sentimientos más íntimos, facilitando una comprensión más profunda de quiénes son como individuos. Como tal, es crucial fomentar y apoyar el desarrollo artístico a cualquier edad, ya que no sólo promueve la autoexpresión y el autodescubrimiento, sino que también contribuye al debate cultural y social más amplio en torno a la identidad personal. Más allá de la idea errónea de que la creatividad y el desarrollo artístico son una búsqueda reservada a unos pocos individuos selectos con dotes innatas, está el realismo de que la creatividad y las habilidades artísticas pueden cultivarse y desarrollarse a cualquier edad. De hecho, es crucial fomentar la creatividad y el desarrollo artístico a lo largo de todas las etapas de la vida, ya que hacerlo puede reportar numerosos beneficios y mejorar el bienestar general. Desde la infancia hasta la edad adulta y la vejez, fomentar la creatividad y perfeccionar las habilidades artísticas puede promover el desarrollo cognitivo, la expresión emocional y el crecimiento personal. Es importante reconocer que la creatividad se manifiesta de diversas formas, y alimentar la creatividad significa reconocer y fomentar diversos esfuerzos artísticos, ya sea en la pintura, la escritura, la música o la danza. Durante la infancia, la creatividad y el desarrollo artístico desempeñan un papel fundamental en el crecimiento cognitivo. Mediante diversas actividades creativas, como dibujar, pintar y construir, los niños se involucran en el pensamiento crítico y la resolución de problemas, lo que les permite adquirir una comprensión profunda del mundo que les rodea. Los esfuerzos creativos les ayudan a desarrollar sus habilidades visuales-espaciales y mejoran su capacidad de percibir e interpretar el entorno. Animando al niño a experimentar con distintos materiales y a realizar tareas imaginativas, los padres y educadores pueden fomentar su creatividad y promover la trazabilidad y adaptabilidad de su pensamiento. A medida que los individuos pasan a la adolescencia y a la edad adulta joven, la creatividad y el desarrollo artístico siguen siendo esenciales para el crecimiento personal y la autoexpresión. Los adolescentes se enfrentan a menudo al reto del establecimiento de la individualidad, ya que exploran distintos aspectos de su personalidad y navegan a través de la presión social. Dedicarse a actividades artísticas les proporciona un medio de autoexpresión y les permite descubrir y desarrollar su individualismo. Ya sea a través de la escritura, la fotografía o la música, las salidas artísticas ofrecen un programa para que los adolescentes expresen su pensamiento, emoción y experiencia. Esto no sólo mejora sus habilidades comunicativas, sino que también fomenta un sentimiento de autoestima y confianza, promoviendo resultados positivos de bienestar mental. El desarrollo artístico durante la edad adulta puede servir como medio de realización personal y de ayuda a la tensión. A medida que los individuos hacen malabarismos con el trabajo y la responsabilidad personal, dedicarse a actividades creativas proporciona un desahogo y una introspección. Ya sea pintando, tocando un instrumento musical o escribiendo, los adultos pueden sumergirse en su búsqueda creativa y encontrar consuelo en el procedimiento. El acto de crear permite a los adultos desprenderse temporalmente del estrés cotidiano y entrar en una mancomunidad de fluir, donde pueden centrarse en el minuto presente y alcanzar una sensación de logro. Llevar a cabo esfuerzos artísticos puede ampliar el propio círculo social y ofrecer oportunidades de colaboración y participación en la comunidad, mejorando aún más el bienestar personal. La creatividad y el desarrollo artístico no se limitan a ninguna edad o fase específica de la vida, pues siguen siendo importantes en la vejez. De hecho, participar en actividades creativas puede tener numerosos efectos positivos en la capacidad cognitiva y el bienestar emocional de los adultos mayores. Los estudios han demostrado que participar en actividades artísticas, como pintar o esculpir, puede mejorar la función cognitiva, como la capacidad de recordar, la atención y la resolución de problemas. Participar en actividades artísticas proporciona a los adultos mayores una sensación de objetivo, fomentando su bienestar mental y emocional. Ya sea apuntándose a una clase de arte o participando en un acto artístico comunitario, los mayores pueden seguir desarrollando sus habilidades artísticas y disfrutar del beneficio de la creatividad hasta bien entrados sus días dorados. Fomentar la creatividad y el desarrollo artístico a cualquier edad es esencial para el desarrollo cognitivo, la expresión emocional y el crecimiento personal. Desde la infancia hasta la edad adulta y la vejez, participar en actividades creativas mejora las capacidades cognitivas, fomenta la autoexpresión y contribuye al bienestar general. Es crucial reconocer y apoyar los diversos esfuerzos artísticos y ofrecer a las personas la oportunidad de explorar y desarrollar su creatividad. Al hacerlo, no sólo enriqueceremos nuestra vida, sino que también crearemos una comunidad que celebre y valore la expresión artística.

VIII. LA EDAD ADULTA

La edad adulta marca una etapa de la vida en la que se espera que los individuos asuman una mayor responsabilidad e independencia. Es un momento caracterizado por un cambio significativo en varios ámbitos, como el crecimiento personal, el desarrollo profesional y las relaciones. A pesar de la exigencia y los retos que conlleva la edad adulta, es crucial reconocer y alimentar la creatividad y el desarrollo artístico de los individuos durante esta etapa. Muchas masas tienden a creer que la creatividad se limita a la puerilidad y la adolescencia, asociándola a menudo con la ingenuidad y una deficiencia de inhibición. Desestimar la importancia de la creatividad en la edad adulta sería un grave error. Una de las principales razones por las que debe fomentarse la creatividad y el desarrollo artístico en la edad adulta es porque fomenta el crecimiento personal y la autoexpresión. A medida que las personas pasan a la edad adulta, a menudo experimentan una mayor conciencia de sí mismas y un deseo de redefinir su identidad. Explorar diversas salidas creativas, como la pintura, la escritura o la eufonía, puede proporcionar un medio de procesar y expresar emociones y pensamientos complejos. Comportarse creando algo tangible permite a los individuos conectar con su yo interior y comunicar sus ideas y perspectivas de un modo único e individualista. Mediante la creatividad, los adultos pueden explotar su imaginación, explorar nuevas posibilidades y profundizar en su comprensión de sí mismos y del mundo que les rodea. Fomentar la creatividad y el desarrollo artístico en la edad adulta puede tener un profundo efecto en la salud mental y el bienestar general. La exigencia de la edad adulta, ya esté relacionada con la carrera, la familia o un objetivo personal, puede ser a menudo abrumadora y estresante. Dedicarse a actividades creativas puede servir como forma de autocuidado, fomentando la relajación, la disminución de la tensión y la mejora de la lucidez mental. El procedimiento de crear arte puede proporcionar una sensación de fluidez y atención plena, permitiendo a las personas sumergirse en el minuto presente y encontrar consuelo a la presión de la vida diaria. Las investigaciones han demostrado sistemáticamente una correlación entre la participación en actividades artísticas y los resultados positivos para la salud mental, como el aumento de la autoestima, la mejora del clima y la reducción de los síntomas de ansiedad y desánimo. Al dar prioridad a la creatividad en la edad adulta, las personas pueden cultivar una mayor sensación de bienestar y equilibrio en sus vidas. Además del beneficio personal, fomentar la creatividad y el desarrollo artístico en la edad adulta también tiene importancia social. El arte tiene la fuerza de tender puentes, estimular la conversación y crear conexiones entre individuos de distintos orígenes y perspectivas. Participar en un esfuerzo artístico puede brindar la oportunidad de establecer redes, colaborar y construir una comunidad. Ya sea participando en clases de arte, asistiendo a galerías y exposiciones o uniéndose a un grupo artístico comunitario, los adultos pueden establecer relaciones significativas con personas de ideas afines que comparten el mismo amor por la creatividad. Esta conexión no sólo enriquece su vida social, sino que también les expone a nuevas ideas y perspectivas, fomentando el crecimiento personal y ampliando su comprensión del mundo. La creatividad en la edad adulta puede contribuir al desarrollo de la carrera y al éxito profesional. En el cambiante y dinámico mercado de tareas actual, la creatividad es cada vez más valorada por los empresarios de diversos sectores. La capacidad creativa para resolver problemas, el pensamiento innovador y las ideas innovadoras se han convertido en activos esenciales en el mundo empresarial. Fomentando la creatividad y el desarrollo artístico en la edad adulta, las personas pueden mejorar su capacidad para adaptarse a nuevos retos, generar soluciones únicas y posicionarse como activos valiosos en su actividad profesional. Dedicarse a actividades creativas fuera del trabajo puede proporcionar a los individuos una sensación de satisfacción y amor que puede repercutir positivamente en la gratificación general de su tarea y en el equilibrio entre la vida laboral y personal. La edad adulta es una etapa de la vida que no debe excluir la importancia de la creatividad y el desarrollo artístico. Fomentar la manifestación creativa en la edad adulta favorece el crecimiento personal, apoya la salud mental, facilita la conexión social y contribuye al éxito profesional. Los adultos que abrazan su creatividad y se dedican a actividades artísticas pueden acceder a su yo interior, encontrar consuelo y relajación, conectar con los demás y mejorar su capacidad para resolver problemas. Si reconocemos y fomentamos la creatividad en la edad adulta, podemos liberar la fuerza transformadora del arte y permitir que las personas aprovechen plenamente las posibilidades de esta etapa de su vida.

FOMENTAR EL APRENDIZAJE PERMANENTE Y EL CRECIMIENTO PERSONAL

Fomentar el aprendizaje permanente y el crecimiento personal es crucial para que las personas amplíen su horizonte y alcancen todo su potencial. El aprendizaje permanente implica adoptar una actitud continua de curiosidad y búsqueda de conocimientos, no sólo mediante la enseñanza formal, sino también a través de la experiencia informal y la exploración personal. Esta mentalidad permite a los individuos mejorar continuamente sus habilidades y mantenerse al día de los últimos avances en sus campos de interés. El aprendizaje permanente cultiva un sentido de automotivación y autorización a medida que los individuos toman las riendas de su propio crecimiento personal y aprovechan las oportunidades de desarrollo. Participar en actividades de aprendizaje permanente promueve el crecimiento personal fomentando la estimulación intelectual, el pensamiento crítico y la capacidad de resolver problemas. Al participar en actividades como la lectura, la asistencia a talleres o seminarios y la participación en debates, las personas se enfrentan al reto de considerar distintas perspectivas, pensar críticamente sobre cuestiones complejas e idear soluciones innovadoras. Estas habilidades no sólo son vitales para el crecimiento personal, sino también para el éxito profesional en el mundo actual, en rápida evolución. Permiten a las personas adaptarse a las circunstancias cambiantes y prosperar en diversos contextos. El aprendizaje permanente también favorece el crecimiento personal al fomentar la creatividad e impulsar el espíritu de innovación. Al explorar distintos campos, los individuos adquieren vulnerabilidad ante diversas ideas, perspectivas y metodologías. Esta vulnerabilidad, combinada con la agilidad cognitiva desarrollada a través del aprendizaje continuo, permite a los individuos pensar de forma creativa y abordar los problemas desde un ángulo único. Al adoptar la mentalidad del aprendizaje permanente, los individuos pueden liberarse del modo tradicional de pensar y descubrir nuevas oportunidades de crecimiento y desarrollo personal. Fomentar el aprendizaje permanente y el crecimiento personal tiene un impacto positivo en la salud mental y el bienestar general de las personas. Dedicarse a la búsqueda intelectual y desafiarse a uno mismo con nuevos conocimientos y experiencias puede fomentar un sentido de finalidad, realización y autorrealización. El aprendizaje permanente puede ser un poderoso instrumento de reflexión personal, autodescubrimiento y realización personal. Proporciona a las personas la oportunidad de explorar sus pasiones, descubrir nuevos intereses y perseguir objetivos significativos. Mediante el aprendizaje continuo, las personas tienen más probabilidades de llevar una vida con un propósito que esté en consonancia con sus valores, su fuerza y sus aspiraciones. Este sentido de propósito y realización puede contribuir a mejorar la salud mental, aumentar la resiliencia y mejorar el bienestar general. Fomentar el aprendizaje permanente y el crecimiento personal es crucial para que las personas alcancen todo su potencial, amplíen su horizonte y mejoren su bienestar general. Adoptando una actitud continua de curiosidad y búsqueda de conocimientos, las personas pueden participar en actividades que fomenten la estimulación intelectual, el pensamiento crítico y la capacidad de resolver problemas. El aprendizaje permanente fomenta la creatividad y el espíritu de innovación al exponer a las personas a diversas ideas, perspectivas y metodologías. Participar en el aprendizaje permanente puede tener un impacto positivo en la salud mental y el bienestar general de las personas, ya que fomenta la reflexión personal, el autodescubrimiento y la realización. Participando activamente en actividades de aprendizaje permanente, las personas pueden mejorar sus aptitudes, mantenerse al día de los últimos avances en sus campos y llevar una vida con un propósito que esté en consonancia con sus valores y aspiraciones. Es esencial promover el aprendizaje permanente y el crecimiento personal para capacitar a las personas para que se conviertan en aprendices permanentes, persigan sus pasiones y alcancen todo su potencial.

AFICIONES ARTÍSTICAS COMO FUENTE DE REALIZACIÓN Y RELAJACIÓN

Las aficiones artísticas pueden ser una destacada fuente de realización y desahogo, ya que ofrecen a los individuos una oportunidad única de expresarse y explorar su creatividad. Dedicarse a actividades artísticas, como pintar, esculpir o escribir, puede alimentar una sensación de logro y gratificación cuando los individuos ven cómo su visión cobra vida. Cuando las masas se sumergen en estas actividades, encuentran consuelo y alivio del estrés de la vida cotidiana, entrando en un estado de fluidez en el que el reloj parece desaparecer, y se absorben por completo en el procedimiento creativo. Una faceta significativa de las aficiones artísticas es que permiten a los individuos expresar libremente sus emociones y pensamientos. A través del arte, las masas pueden comunicar sus sentimientos, deseos y experiencias más íntimos, trascendiendo a menudo la limitación de las palabras verbales. Esta forma de manifestación puede ser inmensamente terapéutica, ya que proporciona a los individuos un desahogo para sus emociones y un medio para procesar su complejidad. En particular, en los casos en que los individuos tienen dificultades para articular sus emociones, dedicarse a aficiones artísticas resulta crucial para su bienestar mental. El acto de crear algo visual o conceptual a partir de las propias emociones puede aportar una sensación de claridad y publicar, contribuyendo en última instancia a la realización personal. Las aficiones artísticas ofrecen un descanso de la rutina cotidiana. Muchos individuos se encuentran atrapados en la naturaleza acelerada del compañerismo moderno, haciendo malabarismos constantemente con las responsabilidades y los compromisos. Participar en actividades artísticas permite a las masas apartarse de su agitada vida y sumergirse en un globo de creatividad e imitación. Los artistas a menudo informan de que pierden el ritmo del reloj mientras se dedican a su artesanía, lo que puede ser un descanso refrescante de la exigencia de operar o estudiar. Para algunos, este estado de fluir puede incluso describirse como contemplativo, proporcionando una oportunidad para un profundo desahogo y reverdecimiento. Las aficiones artísticas también fomentan la sensación de logro y crecimiento personal. A medida que los individuos perfeccionan sus habilidades artísticas, son testigos de su progresión a lo largo del tiempo, lo que puede ser inmensamente gratificante. Esta sensación de logro motiva a las personas a seguir con sus esfuerzos artísticos, esforzándose continuamente por perfeccionar sus habilidades y experimentando con nuevas técnicas. Explorar diversos medios y estilos artísticos puede ampliar la visión de un individuo y mejorar su capacidad de pensamiento creativo. El procedimiento de resolución de problemas y el deseo de pensar fuera de la esquina cuando se enfrenta a un reto artístico alimenta una mentalidad de crecimiento y fomenta el desarrollo personal. Las aficiones artísticas tienen la fuerza de conectar a los individuos con sus comunidades. El arte tiene la capacidad de trascender la barrera cultural y lingüística, convirtiéndolo en una palabra universal que puede ser comprendida y apreciada por masas de distintos orígenes. Participar en una exposición de arte local o unirse a un grupo artístico comunitario brinda a los individuos la oportunidad de tratar su Creación con los demás, fomentando un sentimiento de pertenencia y camaradería. Al exponer su arte, los individuos no sólo obtienen reconocimiento y justificación por su esfuerzo creativo, sino que también contribuyen al enriquecimiento cultural de sus comunidades. Las aficiones artísticas ofrecen a los individuos una importante fuente de realización y desahogo. La capacidad de expresar libremente emociones y pensamientos, de evadirse de la rutina diaria, la sensación de logro y crecimiento personal y la oportunidad de conectar con las comunidades contribuyen al inmenso valor de dedicarse a tareas artísticas. Al fomentar la creatividad y el desarrollo de las habilidades artísticas, las personas pueden experimentar los numerosos beneficios que ofrecen estas aficiones, contribuyendo a su bienestar general y enriqueciendo su vida con sentido y finalidad.

EDUCACIÓN PERMANENTE EN LAS ARTES PARA EL DESARROLLO PERSONAL

La educación continua en las artes es esencial para el desarrollo personal, ya que permite a las personas explorar su creatividad y seguir desarrollando sus habilidades artísticas a lo largo de su vida. Mientras que la educación formal en las artes suele centrarse en un punto concreto del reloj, la educación continua ofrece a los individuos la oportunidad de seguir aprendiendo y creciendo en su búsqueda artística. Ya sea asistiendo a talleres, tomando clases o participando en programas artísticos, las personas pueden adquirir nuevas perspectivas, perfeccionar sus técnicas y ampliar sus horizontes artísticos. Uno de los principales beneficios de la formación continua en las artes es la oportunidad de explorar la propia creatividad. A medida que el individuo progresa en su viaje educativo y en su experiencia vital, es natural que su instinto creativo evolucione y cambie. Participar en la formación continua permite a las personas aprovechar su creatividad actual y explorar nuevas formas de expresarse. Explorando distintos medios, técnicas y estilos artísticos, las personas pueden encontrar nuevas vías de autoexpresión y desarrollar su propia vocalización artística única. La educación continua en las artes permite a las personas perfeccionar sus habilidades artísticas. Como cualquier otra habilidad, las capacidades artísticas requieren ejercicio y sutileza para crecer. Al participar en talleres, clases u otros programas educativos, las personas pueden recibir valiosos comentarios del instructor y de otros artistas. Este feedback puede ayudarles a identificar áreas de mejora, superar retos y perfeccionar sus técnicas. Participar en esta experiencia educativa puede exponer a las personas a nuevos enfoques, perspectivas e ideas que de otro modo no habrían conocido. Esta exposición puede desafiar a los individuos a pensar fuera de su zona de solaz y ampliar los límites de sus capacidades artísticas. Además de explorar la creatividad y perfeccionar las habilidades, la formación continua en artes ofrece a las personas la oportunidad de ampliar sus horizontes artísticos. Las artes siempre han estado interconectadas, con distintos medios y estilos artísticos que se influyen e inspiran mutuamente. Al participar en la educación permanente, las personas pueden exponerse a diferentes formas de arte, estilos y culturas. Esta exposición puede ampliar su perspectiva artística, inspirar nuevas ideas y proporcionar nuevas fuentes de aspiración. Un gato puede asistir a una clase de escultura para aprender sobre la forma tridimensional y cómo puede influir en su trabajo bidimensional. Del mismo modo, un instrumentista puede tomar una clase de fotografía para explorar la narración visual e incorporarla a su composición. Las posibilidades de exploración y colaboración interdisciplinares son infinitas en la educación permanente en las artes. La educación permanente en las artes puede proporcionar realización y enriquecimiento personal. Las artes tienen la fuerza de evocar emociones, ganar en percepción y conectar a las masas consigo mismas y con los demás a un nivel profundo. Al participar en la educación permanente, las personas pueden cultivar un amor y una admiración por las artes para toda la vida. Esto puede aportar un sentido de finalidad y significado a la propia vida, proporcionando un conducto para la manifestación y la exploración personales. La educación continua en las artes puede fomentar un sentido de comunidad y pertenencia entre individuos con ideas afines.

La experiencia compartida y el debate que tienen lugar en talleres y clases pueden crear una conexión significativa y animar a las personas a seguir aprendiendo y creciendo juntas. La educación continua en las artes es esencial para el desarrollo personal, ya que permite a los individuos explorar su creatividad, perfeccionar sus habilidades artísticas, ampliar sus horizontes artísticos y encontrar la realización y el enriquecimiento personales. Participando en talleres, clases y otros programas educativos, los individuos pueden aprender y crecer continuamente en su búsqueda artística a lo largo de su vida. Ya sea explorando nuevos medios, perfeccionando técnicas o adoptando enfoques interdisciplinarios, la formación continua ofrece infinitas oportunidades de desarrollo personal y artístico.

PROMOVER LA CREATIVIDAD EN ENTORNOS PROFESIONALES

Promover la creatividad en entornos profesionales es crucial para fomentar la innovación, la productividad y la gratificación de los empleados. En un mundo tan cambiante como el actual, las organizaciones buscan constantemente formas nuevas e innovadoras de satisfacer las necesidades cambiantes de sus clientes. Por ello, la creatividad se ha convertido en un logro muy deseable en el reino profesional. La publicidad de la creatividad en entornos profesionales no siempre es fácil de conseguir. Muchas organizaciones son intrínsecamente reacias al riesgo y dan prioridad a la eficacia y la previsibilidad frente a la experimentación y la innovación. No obstante, hay varias estrategias que pueden emplearse para fomentar y cultivar la creatividad en el lugar de trabajo. Una forma de promover la creatividad en entornos profesionales es crear un entorno de trabajo solidario e integrador. Los empleados deben sentirse seguros y capacitados para expresar sus ideas y asumir riesgos. Esto puede lograrse fomentando una cultura de confianza, en la que se aliente la comunicación abierta y transparente. La dirección debe escuchar activamente a sus empleados, proporcionarles comentarios constructivos y valorar las distintas perspectivas. Además, debe inculcarse una sensación de seguridad psicológica, que permita a los empleados sentirse cómodos expresando sus ideas sin temor a opiniones o venganzas. Cuando los empleados se sienten valorados y se respetan sus ideas, es más probable que piensen creativamente y contribuyan al esfuerzo innovador de la organización. Otro componente importante para fomentar la creatividad es proporcionar a los empleados los recursos y herramientas que necesitan para dar rienda suelta a su potencial creativo. Esto incluye la admisión a la tecnología pertinente, el programa de formación y la oportunidad de desarrollo. Las organizaciones deben invertir en el aprendizaje continuo y proporcionar a los empleados la habilidad y los conocimientos necesarios para pensar de forma creativa y adaptarse a las circunstancias cambiantes. Deberían crear espacios que faciliten la colaboración y la lluvia de ideas. Un entorno de trabajo colaborativo puede fomentar la creatividad al permitir que los empleados se reboten ideas unos a otros, suscitando nuevas ideas y perspectivas. Es esencial promover un equilibrio saludable entre la vida laboral y personal para potenciar la creatividad y el bienestar de los empleados. El exceso de trabajo y el agotamiento pueden sofocar la creatividad, ya que es menos probable que una persona piense de forma creativa cuando está estresada y agotada. Las organizaciones deben animar a los empleados a tomarse descansos, participar en actividades recreativas y dedicarse a aficiones fuera del trabajo. Incorporar elementos de diversión y alegría en el lugar de trabajo puede estimular la creatividad. Ofrecer a los empleados la oportunidad de participar en actividades como ejercicios de creación de equipos, talleres o retos creativos puede fomentar un entorno de trabajo positivo e imaginativo. Las organizaciones pueden fomentar la creatividad adoptando la diversidad y la inclusividad. Las investigaciones han demostrado que los equipos diversos son más innovadores y capaces de generar más ideas creativas. Al fomentar una mano de obra diversa, las organizaciones pueden admitir un abanico más amplio de perspectivas, experiencia y conocimientos, lo que puede conducir a una resolución de problemas más creativa. Es importante crear un entorno en el que las personas de distinta procedencia e identidad se sientan bienvenidas y valoradas. Promover la diversidad en todos los niveles de la organización, desde el alistamiento hasta la posición de líder, puede ayudar a nutrir una cultura de creatividad y fomentar la innovación. Promover la creatividad en los entornos profesionales es crucial para las organizaciones que quieran prosperar en el dinámico y competitivo mundo actual. Crear un entorno de trabajo solidario e integrador, proporcionar a los empleados los recursos necesarios, promover el equilibrio entre la vida laboral y personal y abrazar la diversidad son estrategias esenciales para fomentar la creatividad en el lugar de trabajo. Cuando se capacita a los empleados y se les anima a pensar fuera de la esquina, es más probable que las organizaciones generen ideas innovadoras y sigan siendo relevantes en su sector. Al dar prioridad a la creatividad, las organizaciones pueden liberar todo el potencial creativo de sus empleados e impulsar el aumento y los logros.

BENEFICIOS DE LA CREATIVIDAD EN LA RESOLUCIÓN DE PROBLEMAS Y LA INNOVACIÓN

La creatividad desempeña un papel vital en la resolución de problemas y la innovación, aportando multitud de beneficios. En primer lugar, la creatividad permite a los individuos pensar fuera de la esquina y explorar soluciones no convencionales a los problemas. Cuando se enfrentan a un tema complejo, los individuos que adoptan la creatividad tienen más probabilidades de idear un enfoque único e innovador, en lugar de confiar en el método tradicional. Esta capacidad de pensar más allá de los límites establecidos abre nuevas vías para la resolución de problemas, lo que conduce a soluciones más eficaces y eficientes. La creatividad fomenta en los individuos un sentido de trazabilidad y adaptabilidad, que les permite pivotar y ajustar su estrategia cuando se enfrentan a un reto inesperado. En lugar de resistirse al cambio, los individuos creativos están más abiertos a explorar nuevas posibilidades y adaptar sus ideas, lo que permite la mejora continua y la innovación. La creatividad contribuye al desarrollo de la capacidad de pensamiento crítico, mejorando la capacidad de analizar y evaluar distintas opciones. Cuando se enfrentan a un problema, los individuos creativos disponen de la herramienta para evaluar diversas perspectivas, considerando no sólo la solución inmediata, sino también el significado y las consecuencias a largo plazo. Esta mentalidad de pensamiento crítico fomenta una valoración global de todas las opciones disponibles, lo que conduce a una toma de decisiones más informada. La creatividad anima a los individuos a enfocar el problema desde múltiples ángulos, promoviendo una comprensión más holística de la posición. Al considerar varios puntos de vista e incorporar diversas perspectivas, la resolución creativa de problemas se hace más inclusiva y eficaz. La creatividad fomenta un entorno de colaboración y trabajo en equipo, facilitando el intercambio de ideas y la coevación de soluciones innovadoras. En el proceso de resolución de problemas, reunir a personas con distintos antecedentes y conocimientos suele dar lugar a un amplio abanico de perspectivas y a un enfoque más global. Cuando se fomenta la creatividad, los individuos se sienten capacitados para aportar sus ideas, creando un ambiente de colaboración que nutre la innovación. Al abrazar la creatividad, es más probable que los individuos participen en sesiones de tormenta de ideas, lo que permite la polinización cruzada del pensamiento y la exploración de territorios desconocidos. Este enfoque colaborativo de resolución de problemas se beneficia de la variedad de ideas, lo que conduce a una innovación revolucionaria que no habría sido posible sin la donación de múltiples perspectivas. La creatividad en la resolución de problemas y la innovación anima a las personas a asumir riesgos y a abrazar la incertidumbre. A menudo, el miedo a perder o a lo desconocido impide a los individuos explorar nuevas posibilidades. La creatividad infunde un sentimiento de valentía, animando a los individuos a aventurarse en territorios desconocidos y a experimentar con ideas novedosas. Al abrazar la incertidumbre que conlleva la creatividad, los individuos desbloquean su potencial de innovación, descubriendo enfoques y soluciones novedosas que pueden haberse pasado por alto por medios convencionales. La sensación que se adquiere al superar un reto y asumir un riesgo en un procedimiento creativo de resolución de problemas fomenta la resistencia y la adaptabilidad, caracteres que tienen un valor incalculable en el cambiante mundo actual. La creatividad es la fuerza motriz de la resolución de problemas y la innovación, y ofrece numerosos beneficios. Desde la promoción del pensamiento creativo hasta el fomento de la colaboración y la asunción de riesgos, la creatividad refuerza la capacidad de resolución de problemas y allana el camino a la innovación revolucionaria. Adoptar la creatividad permite a las personas abordar los retos con una perspectiva nueva, lo que conduce a soluciones más eficaces y eficientes. La capacidad de pensamiento crítico desarrollada a través de la creatividad permite a los individuos analizar y evaluar la opción de forma exhaustiva e informada. Al defender la creatividad, no sólo desbloqueamos nuestras posibilidades individuales, sino que también allanamos el camino para una comunidad más innovadora y progresista.

LAS HABILIDADES ARTÍSTICAS COMO UN ACTIVO VALIOSO EN DIVERSAS CARRERAS

Las habilidades artísticas suelen infravalorarse en diversas profesiones, ya que a menudo se consideran una opulencia más que una necesidad. Es crucial reconocer el verdadero valor que las habilidades artísticas aportan a una amplia gama de profesiones. Ya sea en el ámbito de los negocios, la tecnología o la sanidad, las personas con aptitudes artísticas ofrecen una perspectiva única y un conjunto de habilidades que pueden aumentar enormemente su eficacia en sus respectivos campos. En el mundo de los negocios, las habilidades artísticas pueden ser un valioso plus a la hora de crear material de merchandising y publicidad convincentes. Con el auge del medio digital, las empresas confían cada vez más en la sustancia visualmente atractiva para captar la atención de su entrevista objetivo. Los artistas con buen ojo para el diseño pueden desempeñar un papel fundamental en el desarrollo de imágenes atractivas que comuniquen eficazmente el contenido de un partido. Las habilidades artísticas también pueden contribuir al desarrollo de la identidad de una marca, ya que los profesionales con conocimientos sobre hipótesis de coloración y maquillaje pueden crear logotipos, envases y otros elementos visuales que representen con precisión el valor y la personalidad de una marca. En el reino de la tecnología, las habilidades artísticas son muy solicitadas para el diseño de la sensación del usuario (UX) y del puerto del usuario (UI). Un buen diseño de UX y UI es crucial para crear un producto digital intuitivo y visualmente atractivo. Los artistas que tienen un profundo conocimiento de cómo comunicar visualmente una idea pueden contribuir en gran medida al desarrollo de una interfaz fácil de usar y una experiencia de usuario atractiva. Aplicando sus habilidades artísticas, estas personas pueden crear interfaces visualmente atractivas que no sólo son estéticamente agradables, sino que también mejoran la capacidad de servicio y la funcionalidad. Además, las habilidades artísticas tienen un valor incalculable en las profesiones sanitarias. Arteterapia, Utiliza la expresión artística como medio para promover la curación y la mejora del bienestar mental. Las habilidades artísticas permiten al terapeuta facilitar el autodescubrimiento y la expresión emocional de sus pacientes, ayudándoles a tratar lesiones, reducir la ansiedad y mejorar su calidad de vida en general. Los profesionales sanitarios, como cirujanos y dentistas, pueden beneficiarse de las habilidades artísticas, ya que la precisión y la prestidigitación son esenciales para llevar a cabo procedimientos complejos. Los artistas poseen estas habilidades de forma natural, por lo que están bien equipados para sobresalir en estas exigentes profesiones. Las habilidades artísticas no se limitan a una industria específica, sino que también pueden aplicarse en otros ámbitos. Los arquitectos dependen en gran medida de las habilidades artísticas para crear estructuras visualmente impresionantes y funcionales. La capacidad de visualizar y conceptualizar el espacio tridimensional es una faceta crucial de su actividad. Los artistas, con su inclinación inherente por la perspectiva y la proporción, aportan una perspectiva única al tablero, que da lugar a un diseño arquitectónico innovador y estéticamente agradable. Las habilidades artísticas también pueden ser valiosas en el campo de la enseñanza. El profesor que incorpora el arte a su plan de estudios puede estimular la creatividad y enrolar al alumno en un camino único y significativo. Al fomentar la expresión artística, el educador fomenta el pensamiento crítico, la resolución de problemas y la confianza en sí mismo de sus alumnos. Las habilidades artísticas también permiten al profesor diseñar material didáctico visualmente atractivo que potencie la inclusión y haga más ameno el aprendizaje. Las habilidades artísticas también pueden contribuir a la invención y a la resolución de problemas. Los artistas poseen la capacidad de pensar fuera de la esquina, abordando el reto desde un ángulo no convencional. Su pensamiento creativo puede conducir a soluciones innovadoras, ampliando los límites de lo posible. Ya se trate de encontrar una forma novedosa de enfocar la estrategia de comercialización, de desarrollar una tecnología innovadora o de diseñar un tratamiento sanitario único, las personas con aptitudes artísticas tienen el potencial de influir significativamente en el mundo que les rodea. Las habilidades artísticas son muy valiosas en un amplio abanico de profesiones. Desde los negocios y la tecnología hasta la sanidad y la enseñanza, las personas con aptitudes artísticas ofrecen una perspectiva única y un conjunto de habilidades que pueden aumentar enormemente su eficacia en sus respectivos campos. Es esencial reconocer y apreciar el verdadero valor de las habilidades artísticas, y fomentar la creatividad y el desarrollo de las habilidades artísticas a cualquier edad. Uno de los aspectos más importantes de la creatividad y el desarrollo artístico es que debe fomentarse a todas las edades. Tanto si se trata de un niño pequeño como de un adulto, fomentar la creatividad y el desarrollo de las habilidades artísticas puede tener numerosos beneficios. Para los niños pequeños, fomentar la creatividad les permite expresarse y pensar fuera de la esquina. Esto les ayuda a desarrollar habilidades para resolver problemas, así como el poder de pensar de forma crítica e imaginativa. Al participar en actividades artísticas como dibujar, pintar y esculpir, los niños aprenden a explorar su entorno y desarrollan un sentido de la extrañeza sobre el mundo que les rodea. También aprenden a comunicar su pensamiento y sus emociones por medios visuales, lo que puede ayudarles a desarrollar importantes habilidades sociales y emocionales. Un niño al que le guste dibujar puede crear arte que refleje sus sentimientos y experiencias, lo que le permite expresarse de una forma que la frase no puede. Esto puede ser especialmente beneficioso para los niños que pueden tener dificultades para comunicarse verbalmente o para expresar sus emociones. La creatividad y el desarrollo artístico no deben limitarse a los niños, sino que deben fomentarse y nutrirse a lo largo de toda la vida. Para los adultos, participar en actividades artísticas puede suponer una publicación catártica y una forma de conectar con uno mismo a un nivel más profundo. Puede ser una forma de autoexpresión y un medio de reconectar con la rareza infantil interior. Muchos adultos encuentran consuelo y placer en actividades como pintar, escribir o tocar un instrumento musical. Estas actividades pueden servir como una forma de terapia, permitiendo que el individuo proceda y opere a través de sus emociones de un modo seguro y constructivo. Participar en actividades artísticas también puede ayudar a los adultos a desarrollar habilidades importantes, como la tolerancia, la tenacidad y la atención a lo particular. Estas habilidades pueden transferirse a otros ámbitos de la vida, como la resolución de problemas en el trabajo o el mantenimiento de una relación sana. La creatividad y el desarrollo artístico pueden tener un profundo efecto en el bienestar general y mental. Participar en actividades creativas puede reducir la tensión, la ansiedad y el desánimo, ya que proporciona una vía de autoexpresión y ayuda al individuo a centrarse en el minuto presente. Los estudios han demostrado que las actividades creativas como pintar, escribir o tocar un instrumento musical pueden aumentar las emociones positivas y mejorar el clima general. La terapia artística se ha utilizado como instrumento terapéutico para ayudar al individuo a afrontar lesiones, penas y otros retos emocionales. Al participar en actividades artísticas, el individuo puede explotar su creatividad interior y descubrir una nueva forma de comprenderse a sí mismo y al mundo que le rodea. Esto puede conducir a un mayor sentido de autoconciencia y crecimiento personal. Fomentar la creatividad y el desarrollo de las habilidades artísticas a cualquier edad es importante tanto para los niños como para los adultos. Para los niños pequeños, participar en actividades artísticas les permite explorar su creatividad y desarrollar importantes habilidades sociales y emocionales. Para los adultos, las actividades artísticas proporcionan un medio de autoexpresión, curación integral y crecimiento personal. Independientemente de la edad, fomentar la creatividad y el desarrollo artístico puede tener numerosos beneficios, como la mejora de la capacidad para resolver problemas, un mayor bienestar emocional y un vínculo más profundo con uno mismo y con los demás. Fomentando la creatividad y el desarrollo artístico a cualquier edad, podemos crear una comunidad más vibrante y plena.

IX. LA TERCERA EDAD

En la tercera edad, a menudo se produce un cambio de enfoque y de prioridades. Muchas personas en esta fase están jubiladas o cerca de la jubilación y, por tanto, disponen de más tiempo para dedicarse a la búsqueda personal, incluido el desarrollo de habilidades artísticas y la persecución de la creatividad. Este momento de la vida puede ser una oportunidad de oro para que los mayores se sumerjan plenamente en las artes y exploren su potencial creativo. El retiro ofrece una nueva exención, que permite a los mayores dedicarse a actividades para las que quizá no tuvieron tiempo durante sus años de trabajo. Ya sea pintando, esculpiendo, escribiendo o tocando música, la tercera edad puede ser una época de autoexpresión y aumento artístico. Una de las principales ventajas de perseguir el desarrollo artístico en la tercera edad es la riqueza de la experiencia vital que los mayores aportan a su esfuerzo creativo. A través de los años de vida, los mayores han acumulado una amplitud de conocimientos y solidez que pueden canalizar en su Creación artística. Esta profundidad de experiencia puede aportar una visión y una profundidad únicas a su arte, ya que recurren a una vida de memoria, emoción y observación. Estas ricas cintas de la vida pueden servir como manantial de aspiración, alimentando la innovación de obras de arte fundamentales y que inviten a la reflexión. Dedicarse a la búsqueda artística en la tercera edad ofrece una multitud de beneficios cognitivos y emocionales. Las investigaciones han demostrado que participar en actividades creativas puede ayudar a mejorar el funcionamiento cognitivo, el recuerdo y el bienestar mental general. El proceso de crear arte implica pensamiento crítico, resolución de problemas y utilización de múltiples sentidos, estimulando la psique y fomentando la conexión neuronal. Se ha descubierto que la manifestación artística reduce la tensión, alivia los síntomas de decaimiento y ansiedad, y mejora el bienestar emocional general. A las personas mayores, que pueden estar enfrentándose al reto de envejecer, las artes pueden proporcionarles un desahogo terapéutico y una sensación de objetivo y plenitud. La tercera edad ofrece una oportunidad única para el aprendizaje y la colaboración intergeneracionales. Muchas comunidades y organizaciones ofrecen talleres y programas que reúnen a personas de distintas edades para participar en actividades creativas. Este intercambio intergeneracional puede ser increíblemente enriquecedor, ya que las personas mayores tienen la oportunidad de compartir sus conocimientos y habilidades con las generaciones más jóvenes, al tiempo que aprenden y se inspiran en sus homólogos más jóvenes. Este entorno de colaboración fomenta un sentimiento de comunidad y vínculo, tendiendo puentes entre las rupturas coevales y creando lazos a través de un amor compartido por las artes. Es importante reconocer que el desarrollo artístico en la tercera edad no se limita a quienes han tenido experiencia previa o preparación formal en las artes. De hecho, para muchos mayores, los años de la tercera edad pueden marcar la primera vez que tienen la oportunidad de explorar plenamente su interés creativo. La ausencia de cualquier expectativa autoimpuesta o apremio por conseguir logros puede crear un terreno fértil para la experimentación y el desarrollo de un instinto artístico personal. Esta exención de opiniones permite a los mayores abrazar plenamente el proceso de creación sin ninguna inhibición, lo que conduce a descubrimientos inesperados y deliciosos. La tercera edad es un momento único e ideal para que las personas persigan la creatividad y desarrollen habilidades artísticas. Con más tiempo a su disposición, una gran experiencia vital a la que recurrir y una oportunidad para la colaboración intergeneracional, los mayores pueden sumergirse plenamente en las artes y liberar su potencial creativo. Los beneficios cognitivos y emocionales de participar en actividades artísticas pueden mejorar enormemente el bienestar general y el calibre de la vida de los mayores. Ya sea mediante la pintura, la escritura, la música o cualquier otra manifestación creativa, la tercera edad puede ser una época de crecimiento personal, autodescubrimiento y realización artística.

PROMOVER EL ENVEJECIMIENTO ACTIVO MEDIANTE EL COMPROMISO ARTÍSTICO

Promover el envejecimiento activo mediante el compromiso artístico es una vía poderosa para mejorar el bienestar general y el calibre de vida de los adultos mayores. A medida que las personas envejecen, pueden enfrentarse a diversos retos, como la limitación física, el bajón cognitivo y el aislamiento social. El compromiso artístico ofrece una multitud de beneficios que pueden ayudar a contrarrestar estos retos y fomentar el crecimiento y la realización personales. En primer lugar, participar en actividades artísticas fomenta la actividad física y mejora el bienestar físico general. Ya sea bailando, pintando o tocando un instrumento musical, los adultos mayores pueden participar en movimientos que estimulan su cuerpo y su mente. Esta forma de actividad física no sólo mejora la potencia muscular y la supervivencia, sino que también aumenta la capacidad de tracción, la coordinación y el equilibrio, que son fundamentales para mantener el bienestar físico general y prevenir las caídas. El compromiso artístico proporciona un medio para la manifestación creativa e intelectual. Participar en actividades artísticas estimula la función cognitiva, el recuerdo y la habilidad para resolver problemas. Practicar un instrumento musical requiere densidad y coordinación, por lo que mejora las capacidades cognitivas y fomenta la agilidad mental. El compromiso artístico fomenta el bienestar emocional y la resistencia psicológica. Mediante la manifestación creativa, las personas pueden explorar y transmitir su pensamiento, sentimientos y emociones, lo que puede ser especialmente beneficioso para los adultos mayores que pueden enfrentarse a diversos retos emocionales asociados al envejecimiento, como la tristeza, la soledad o la sensación de falta de rumbo. El compromiso artístico puede servir como instrumento para la autorreflexión y la autoexpresión, permitiendo a las personas conocerse mejor a sí mismas y encontrar un desahogo positivo para sus emociones. El compromiso artístico puede combatir el aislamiento social y fomentar el vínculo social. Participar en una clase de arte, un taller o una representación en grupo promueve la interacción social y brinda a los mayores la oportunidad de conectar con personas de ideas afines, intercambiar experiencias y desarrollar relaciones significativas. Este compromiso social es crucial para el bienestar mental y puede aliviar el sentimiento de soledad y aislamiento que suelen experimentar los adultos mayores. Participar en actividades artísticas dentro de un entorno comunitario puede cultivar un sentido de pertenencia y de objetivo, que son esenciales para llevar una vida plena en la vejez. Promover el envejecimiento activo mediante el compromiso artístico tiene el potencial de desafiar la actitud ageista de la sociedad y promover una sociedad inclusiva. Al centrarse en las capacidades y el potencial de los mayores, en lugar de en sus limitaciones y estereotipos, el compromiso artístico permite a las personas contribuir a la sociedad y desafiar las ideas preconcebidas sobre el envejecimiento. Los adultos mayores han vivido una vida rica y diversa, y participar en actividades artísticas les proporciona una vía para compartir sus experiencias, perspectiva y solidez con las generaciones más jóvenes. Este intercambio intergeneracional fomenta la comprensión y la consideración mutuas, y ayuda a construir una sociedad que valora e incluye a individuos de todas las edades.

Promover el envejecimiento activo mediante el compromiso artístico ofrece numerosos beneficios a los adultos mayores, mejorando su bienestar físico, cognitivo, emocional y social. Esta obertura reconoce el potencial de crecimiento y desarrollo en todas las etapas de la vida y aborda la necesidad y los retos específicos a los que se enfrentan los adultos mayores. Al adoptar el compromiso artístico como medio para promover el envejecimiento activo, las personas pueden experimentar crecimiento personal, desarrollar nuevas habilidades y encontrar satisfacción y deleite en sus últimos días. Promover y apoyar el compromiso artístico de las personas mayores tiene el potencial de crear una sociedad más inclusiva que valore a las personas de todas las edades y desafíe la narrativa edadista.

LAS ACTIVIDADES ARTÍSTICAS MEJORAN LA FUNCIÓN COGNITIVA DE LAS PERSONAS MAYORES

Se ha comprobado que las actividades artísticas tienen un efecto positivo en la función cognitiva de las personas mayores. A medida que las personas envejecen, el cerebro experimenta cambios de forma natural, lo que puede provocar un deterioro cognitivo y una disminución de la función cerebral general. Participar en actividades artísticas como la pintura, el dibujo o la eufonía puede ayudar a contrarrestar estos efectos y mejorar las capacidades cognitivas. Una vía por la que las actividades artísticas mejoran la función cognitiva de los mayores es a través de la excitación del cerebro. Cuando los mayores se dedican a actividades artísticas, se les exige que utilicen diversas habilidades cognitivas, como la resolución de problemas, el recuerdo de la memoria y la razón espacial. Estas actividades desafían al cerebro y lo obligan a trabajar, lo que puede ayudar a mejorar la función cognitiva. Pintar o dibujar requiere utilizar la coordinación mano-ojo y las habilidades centrífugas finas, lo que puede mejorar las capacidades cognitivas generales. Las actividades de eufonía, como aprender a tocar un instrumento o cantar, estimulan distintas áreas del cerebro y aumentan la memoria, la atención y la capacidad de palabra. Las actividades artísticas también tienen la posibilidad de mejorar la función cognitiva al fomentar la neuroplasticidad. La neuroplasticidad se refiere al poder del cerebro de cambiar y reorganizarse como reacción a una nueva experiencia o aprendizaje. Cuando los mayores participan en actividades artísticas, están exponiendo su cerebro a experiencias nuevas y estimulantes, que pueden favorecer el establecimiento de nuevas conexiones neuronales y reforzar las existentes. Esto, a su vez, puede conducir a una mejora de la función cognitiva y de la salud general del cerebro. Los estudios han demostrado que la participación en actividades artísticas puede aumentar la conectividad neuronal en áreas del cerebro asociadas a la memoria, la atención y la creatividad, fomentando así la neuroplasticidad y la mejora cognitiva. Las actividades artísticas también pueden proporcionar a los mayores un sentido de finalidad y realización, lo que puede tener un efecto positivo significativo en su función cognitiva. A medida que las personas envejecen, pueden experimentar un abandono de la individualidad o una disminución de las actividades significativas, lo que puede contribuir al deterioro cognitivo. Participar en actividades artísticas permite a los mayores expresar su creatividad, desarrollar nuevas habilidades y encontrar un propósito, lo que mejora la función cognitiva. Las actividades artísticas también pueden proporcionar una sensación de vínculo y compromiso social, que se ha relacionado con la salud cognitiva. Cuando los ancianos participan en una clase de arte o se unen a una comunidad artística, tienen la oportunidad de relacionarse con otras personas con intereses similares, lo que aumenta la socialización y la excitación cognitiva. Se ha descubierto que las actividades artísticas mejoran la función cognitiva de los mayores mediante diversos mecanismos. Al estimular el cerebro, fomentar la neuroplasticidad y proporcionar un sentido de finalidad, la participación en actividades artísticas puede mejorar las capacidades cognitivas de las personas mayores.

Como el universo de los mayores sigue creciendo, es crucial promover y fomentar las actividades artísticas como medio de mejorar la salud cognitiva y el bienestar general. Es importante aumentar la concienciación y el apoyo a programas que promuevan la creatividad y el desarrollo de habilidades artísticas en individuos de todas las edades, incluidos los mayores. Al hacerlo, podemos ayudar a los mayores a mantener e incluso mejorar su función cognitiva, lo que les llevará a una vida de mayor calibre en sus días dorados.

LAS ACTIVIDADES ARTÍSTICAS MEJORAN EL BIENESTAR GENERAL Y LA CALIDAD DE VIDA

Se ha comprobado que las actividades artísticas, como pintar, escribir o tocar un instrumento, mejoran significativamente el bienestar general y la calidad de vida. Se ha demostrado que participar en actividades creativas eleva el clima, reduce los niveles de estrés y mejora la salud mental en general. La investigación ha sugerido sistemáticamente que participar en esfuerzos artísticos conduce a mayores niveles de felicidad y gratificación vital. Esto puede atribuirse al hecho de que el procedimiento creativo permite a los individuos expresarse libremente, fomentando una sensación de autodescubrimiento y crecimiento personal. Las actividades artísticas proporcionan a los individuos un medio de desahogo y evasión, permitiéndoles desprenderse de la lucha y las presiones de la vida cotidiana. Mediante el acto de crear, los individuos se sumergen en un estado de fluir, en el que se absorben totalmente en el minuto presente y experimentan una sensación de eternidad. Este poder de sumergirse en el procedimiento creativo se ha comparado con una forma de especulación, ya que permite a los individuos alcanzar un estado de atención plena y lograr una comprensión más profunda de sí mismos. Además de mejorar el bienestar mental, participar en actividades artísticas también se ha relacionado con diversos beneficios para la salud física. Los estudios han descubierto que participar en actividades como dibujar o pintar puede ayudar a reducir la tensión arterial y disminuir el ritmo de la médula, lo que a su vez reduce el peligro de padecer enfermedades cardiovasculares. Se ha demostrado que implicarse en tareas artísticas mejora las capacidades cognitivas. El acto de crear requiere que los individuos piensen fuera de la esquina, ideen soluciones innovadoras y establezcan conexiones entre ideas aparentemente no relacionadas. Estos procesos mentales ayudan a mejorar la capacidad cognitiva, la habilidad para resolver problemas y la capacidad de pensamiento crítico. Puede afirmarse que las actividades artísticas sirven de ejercicio para la psique, proporcionándole la excitación necesaria para crecer y desarrollarse. También se ha descubierto que las actividades artísticas aumentan la conexión social, mejorando así la calidad de vida en general. Participar en actividades creativas proporciona a las personas un programa para conectar con otras que tienen intereses similares. Esto fomenta un sentimiento de pertenencia y comunidad, que es vital para el bienestar mental y emocional. Ya sea uniéndose a un grado comunitario de pintura o participando en una salida dramática local, dedicarse a actividades artísticas permite a los individuos interactuar y colaborar con personas de ideas afines. Esto no sólo fomenta la participación social, sino que también proporciona una vía para el crecimiento personal y el autodescubrimiento. Las actividades artísticas tienen el potencial de crear conciencia y comprensión culturales. Al participar en actividades creativas, los individuos se exponen a diferentes perspectivas, cultura y tradición. Esta vulnerabilidad fomenta la empatía y la compasión, ya que permite a los individuos ver el mundo a través del sentido de los demás. En consecuencia, las actividades artísticas pueden ayudar a romper barreras y promover la concordia social. Participar en actividades artísticas puede proporcionar un medio de autoexpresión al grupo marginado de la sociedad. A través del arte, las personas que pueden sentirse marginadas o ignoradas pueden arrojar luz sobre su experiencia y contribuir a una narrativa más amplia. Esto promueve la inclusión y la variedad, fomentando una sociedad que valora y celebra la magnificencia de las diferentes perspectivas. Se ha demostrado que participar en actividades artísticas mejora significativamente el bienestar general y la calidad de vida. Mediante el acto de crear, las personas experimentan mayores niveles de felicidad, menores niveles de estrés y una mejor salud mental. Las actividades artísticas proporcionan a las personas un medio de relajación que les permite desprenderse de las presiones de la vida cotidiana y sumergirse en un estado de fluidez. Participar en actividades artísticas se ha relacionado con diversos beneficios para la salud física, como la reducción de la tensión arterial y la mejora de las capacidades cognitivas. Las actividades artísticas fomentan la conexión social, proporcionando a las personas un sentimiento de pertenencia y comunidad. Las actividades artísticas tienen la fuerza de crear conciencia y comprensión culturales, permitiendo a los individuos comprometerse con diferentes perspectivas y contribuir a una sociedad más inclusiva. Así pues, puede afirmarse que fomentar la creatividad y el desarrollo de habilidades artísticas a cualquier edad es esencial para lograr un bienestar general y una mayor calidad de vida.

FOMENTAR LAS COLABORACIONES ARTÍSTICAS INTERGENERACIONALES

Además de fomentar la creatividad y las habilidades artísticas a todas las edades, es esencial promover las colaboraciones artísticas intergeneracionales. Al reunir a individuos de distintas edades, pueden producirse valiosos intercambios de conocimientos, experiencias y perspectivas que, en última instancia, enriquecen el proceso creativo. Las colaboraciones intergeneracionales tienen el potencial de trascender las fronteras generacionales y artísticas, permitiendo una Creación única e innovadora. Una de las principales ventajas de fomentar las colaboraciones artísticas intergeneracionales es la oportunidad de transferencia de conocimientos entre generaciones. Las personas mayores, que han acumulado una rica experiencia artística, pueden transmitir su pericia a los artistas más jóvenes. Estos intercambios intergeneracionales permiten conservar y difundir prácticas artísticas tradicionales que, de otro modo, podrían perderse. Una tallista experimentada puede tratar sus técnicas de escultura con una principiante, asegurándose de que no se olvidan las habilidades consagradas por el tiempo. Esta transmisión de conocimientos fomenta el sentido de la persistencia y puede inspirar a los artistas más jóvenes a explorar nuevas posibilidades, al tiempo que asientan su trabajo en la solidez de lo precedente. Las colaboraciones intergeneracionales fomentan la diversidad de perspectivas e ideas. Cada generación aporta su trasfondo social, cultural e histórico único, que da forma a su sensibilidad artística. Al colaborar entre generaciones, los artistas tienen la oportunidad de cuestionar sus propios supuestos y explorar perspectivas desconocidas. Esta mayor exposición a puntos de vista diversos puede conducir a la creación de obras de arte que desafíen las normas sociales, rompan estereotipos y fomenten un mayor entendimiento entre generaciones. Una colaboración entre un joven artista del graffiti y un muralista de más edad puede dar lugar a una poderosa unificación del arte callejero y las técnicas tradicionales, creando un mural visualmente impactante que explore un tema social contemporáneo. Las colaboraciones intergeneracionales también tienen el potencial de estimular la creatividad animando a los artistas a pensar más allá de su rutina artística habitual. Cuando se reúnen artistas de distintas generaciones, tienen la oportunidad de experimentar con un medio o enfoque artístico desconocido. Esta exposición a nuevas técnicas puede vigorizar su proceso creativo, dando lugar a obras innovadoras y poco convencionales. Un gato mayor, acostumbrado a trabajar con óleo, podría colaborar con un joven artista digital, dando lugar a la creación de obras de arte de técnica mixta que combinan las técnicas pictóricas tradicionales con el uso digital de vanguardia. Estas colaboraciones desafían a los artistas a salir de su zona de solaz y ampliar los límites de su ejercicio artístico. Las colaboraciones intergeneracionales fomentan el sentido de comunidad y el vínculo entre artistas de distintas edades. A menudo, el esfuerzo creativo requiere trabajar de forma aislada, lo que puede resultar aislante y limitante para los artistas. Al reunir a individuos de distintas generaciones, las colaboraciones ofrecen a los artistas la oportunidad de conectar con sus iguales y encontrar el apoyo de un mentor experimentado. Este sentido de comunidad puede ser especialmente beneficioso para los artistas jóvenes, que pueden carecer de dirección y recursos. A través de las colaboraciones, pueden encontrar dirección, apoyo y aspiraciones que pueden impulsar su desarrollo artístico. Estas colaboraciones pueden combatir el edadismo fomentando la consideración y la admiración mutuas entre artistas de todas las edades. Romper esta barrera puede fomentar el diálogo y la comprensión, lo que conduce a una comunidad artística más inclusiva y solidaria. Fomentar las colaboraciones artísticas intergeneracionales es crucial para el desarrollo de las habilidades artísticas y el fomento de la creatividad en individuos de todas las edades. Mediante la transferencia de conocimientos, la diversidad de perspectivas, el despertar creativo y la construcción de comunidades, los artistas pueden beneficiarse enormemente de la colaboración entre generaciones. Fomentando estos intercambios intergeneracionales, podemos crear una comunidad artística vivaz e inclusiva que trascienda las fronteras generacionales y produzca obras de arte innovadoras e impactantes.

SALVANDO LAS DISTANCIAS GENERACIONALES MEDIANTE EXPERIENCIAS ARTÍSTICAS COMPARTIDAS

Una de las formas más poderosas de salvar las diferencias generacionales es a través de experiencias artísticas compartidas. El arte tiene la capacidad de trascender la edad y unir a las personas, fomentando un sentimiento de unidad y comprensión entre individuos de distintas generaciones. A medida que envejecemos, nuestras perspectivas y experiencias evolucionan, por lo que a veces resulta difícil conectar con personas de edades diferentes. El arte puede servir de terreno común que permita a la gente conectar, transmitir y apreciar las perspectivas únicas de los demás. A través de las experiencias artísticas compartidas, las personas de distintas generaciones pueden llegar a comprenderse mejor unas a otras, rompiendo estereotipos y fomentando una conexión significativa. Las experiencias artísticas tienen la fuerza de proporcionar un valioso programa para el diálogo intergeneracional. Cuando las personas participan juntas en una actividad artística, tienen la oportunidad de expresarse creativamente y comunicar sus pensamientos y sentimientos de forma no verbal y no amenazadora. Esto puede ser especialmente beneficioso para salvar las diferencias generacionales, ya que los adultos mayores pueden tener problemas para relacionarse con los individuos más jóvenes debido a la divergencia en las experiencias vitales y en los valores. Cuando los individuos se reúnen en un conjunto creativo, son capaces de conectar a un nivel profundo, trascendiendo la edad y abriendo la puerta a un diálogo significativo. A través del arte, individuos de todas las edades pueden compartir sus perspectivas, aprender unos de otros y adquirir una comprensión más profunda del mundo que les rodea. Las experiencias artísticas compartidas pueden ayudar a disipar estereotipos y romper barreras entre generaciones. En el compañerismo, a menudo hay estereotipos asociados a los distintos grupos de edad, lo que perpetúa suposiciones que conducen a la incomprensión y la división. Cuando los individuos se reúnen a través del arte, estos estereotipos pueden cuestionarse y desmontarse. El arte permite a los individuos expresarse libremente, proporcionando un infinito donde la gente puede mostrar su talento único y sus perspectivas, independientemente de la edad. Al crear y apreciar el arte juntos, la gente puede ver más allá de la edad como elemento definitorio y centrarse en cambio en la creatividad y la dotación que posee cada individuo. Las experiencias artísticas compartidas pueden inspirar y fomentar la creatividad entre generaciones. Cuando personas de distintas edades se reúnen para crear arte, tienen la oportunidad de aprender unas de otras y explorar nuevas perspectivas. Los individuos más jóvenes pueden aprender de las experiencias y la solidez de las generaciones mayores, mientras que los adultos de más edad pueden inspirarse en la idea fresca y el pensamiento innovador de la generación más joven. Esta polinización cruzada de la creatividad puede conducir al desarrollo de una expresión artística única y ampliar los límites de las posibilidades artísticas. Al compartir y colaborar en el esfuerzo artístico, personas de distintas generaciones pueden inspirarse mutuamente, lo que conduce al crecimiento personal y artístico de todos los implicados. Superar las diferencias generacionales mediante experiencias artísticas compartidas es un poderoso instrumento para fomentar la unidad, la comprensión y la creatividad entre personas de distintas edades. El arte tiene la capacidad de trascender la edad y abrir la puerta a un diálogo significativo, disipar estereotipos e inspirar el crecimiento personal y artístico. Al participar en una actividad artística compartida, personas de distintas generaciones pueden conectar a un nivel profundo, comprender mejor a los demás y apreciar sus perspectivas únicas. Es a través de estas experiencias compartidas como pueden salvarse las diferencias generacionales, uniendo a las personas y creando un compañerismo más inclusivo.

LOS MAYORES COMO MENTORES Y MODELOS PARA LAS GENERACIONES MÁS JÓVENES

Otra forma de fomentar la creatividad y el desarrollo de habilidades artísticas a todas las edades es utilizar la pericia y experiencia de los mayores como mentores y modelos para las generaciones más jóvenes. Los mayores tienen una gran riqueza de conocimientos y experiencia que pueden transmitir a las generaciones más jóvenes, y al hacerlo, no sólo ayudan a fomentar la creatividad y el desarrollo artístico, sino que también salvan la distancia generacional y crean un sentimiento de comunidad. Los mayores pueden servir de mentores compartiendo sus habilidades y conocimientos con personas más jóvenes interesadas en dedicarse a tareas artísticas. Un gato anciano puede orientar y aconsejar a un joven aspirante a artista sobre técnica, maquillaje e hipótesis de coloración. El intercambio de conocimientos entre generaciones no sólo mejora las habilidades artísticas del individuo más joven, sino que también permite al anciano transmitir sus días de solidez y experiencia. Este parentesco de tutoría beneficia a ambas partes, ya que el veterano tiene una sensación de objetivo y realización al transmitir sus conocimientos, y el individuo más joven obtiene una valiosa perspectiva y dirección en su viaje artístico. Además de servir como mentores, los mayores también pueden actuar como modelos para las generaciones más jóvenes. Muchos mayores han dedicado su vida a perseguir su pasión artística, y al mostrar su trabajo y sus logros, inspiran y motivan a los más jóvenes a seguir su propia búsqueda creativa. Los mayores pueden exponer su arte en una galería local o participar en una muestra de arte comunitaria, lo que brinda a los más jóvenes la oportunidad de ver sus obras y aprender de su trayectoria artística. Al poner de relieve los logros de los mayores en el arte, las generaciones más jóvenes pueden ver que la creatividad y el desarrollo artístico son actividades para toda la vida que pueden seguir proporcionando placer y satisfacción hasta bien entrada la vejez. El hecho de que los mayores actúen como mentores y modelos también ayuda a salvar la brecha generacional y a crear un sentimiento de comunidad. En el mundo actual, acelerado e impulsado por la tecnología, puede producirse una desconexión entre generaciones, con pocas oportunidades de interacción significativa e intercambio de ideas. Involucrando a los mayores en actividades de mentores y modelos de conducta, los más jóvenes tienen la oportunidad de entablar relaciones y aprender de personas que tienen una experiencia vital y una perspectiva diferentes. Este intercambio intergeneracional fomenta la comprensión, la empatía y la admiración por los diversos antecedentes y talentos que existen en una comunidad. Los mayores también pueden beneficiarse de esta interacción al sentirse valorados y respetados por sus conocimientos y contribuciones, lo que conduce a un mayor sentido de pertenencia y conexión. Implicar a los mayores como mentores y modelos en el desarrollo artístico de las generaciones más jóvenes ayuda a acabar con los estereotipos y a desafiar el edadismo. Mostrando los talentos y logros de los mayores en las artes, la sociedad puede cambiar su porcentaje de envejecimiento y reconocer que la creatividad y la expresión artística no se limitan a un grupo de edad específico. Esto fomenta una sociedad más integradora y respetuosa con la edad, en la que se anima a personas de todas las edades a perseguir su pasión artística y a contribuir al paño cultural de su comunidad. Los mayores pueden desempeñar un papel crucial en el fomento de la creatividad y el desarrollo de las habilidades artísticas a todas las edades. Sirviendo de mentores y modelos, los mayores pueden transmitir sus conocimientos y su experiencia, estimular a los más jóvenes, salvar la brecha generacional y desafiar la discriminación por motivos de edad. Es importante reconocer y aprovechar los talentos y las contribuciones de los mayores en las artes, ya que tienen una riqueza de conocimientos y experiencia que puede enriquecer enormemente el desarrollo artístico de las generaciones más jóvenes. Promoviendo la colaboración y el entendimiento intergeneracional, la sociedad puede crear un entorno que nutra la creatividad y la expresión artística de individuos de todas las edades. No se puede subestimar la grandeza de la creatividad y el desarrollo de las habilidades artísticas. Es bien sabido que participar en actividades creativas y ejercitar el talento artístico tiene numerosos beneficios a todas las edades. Desde la primera etapa de la puerilidad hasta la madurez y más allá, la creatividad desempeña un papel importante en la mejora de las capacidades cognitivas, el bienestar emocional y el crecimiento personal. Es esencial animar a las personas a ser creativas y fomentar su desarrollo artístico desde una edad temprana. Ante todo, la creatividad forma parte integrante del desarrollo cognitivo de los niños. Participar en actividades creativas como dibujar, pintar o tocar un instrumento musical estimula la psique y ayuda a crear conexiones neuronales. Las investigaciones han demostrado que los niños que están expuestos al arte y a los que se anima a ser creativos tienden a tener mejores habilidades para resolver problemas y un cociente intelectual más alto. Se convierten en pensadores más adaptables y flexibles, ya que son capaces de abordar los retos desde distintos ángulos y encontrar soluciones innovadoras. La creatividad potencia la memoria y mejora el puente de atención, que son habilidades valiosas para el éxito académico. Es crucial que los padres, profesores y cuidadores proporcionen a los niños amplias oportunidades para participar en actividades creativas y explorar sus capacidades artísticas. La creatividad también desempeña un papel clave en el bienestar emocional. Masas de todas las edades se enfrentan a la tensión, la ansiedad y otras emociones negativas, y dedicarse a actividades creativas puede servir como un poderoso desahogo para esta emoción. Expresarse mediante el arte permite a las personas liberar sentimientos reprimidos y encontrar consuelo. Las actividades artísticas, como pintar o escribir, pueden servir como forma de terapia y ayudar a los individuos a procesar su emoción y experiencia. La creatividad fomenta la autoexpresión y la confianza en uno mismo. Cuando los individuos se implican en actividades creativas, sienten una sensación de logro y se felicitan en su funcionamiento, lo que aumenta su autoestima. Esto, a su vez, contribuye a su bienestar emocional general y les ayuda a superar los retos de la vida con mayor eficacia. Fomentar la creatividad y las habilidades artísticas tiene un efecto positivo en el crecimiento personal. La creatividad anima a los individuos a pensar fuera de la esquina, asumir riesgos y abrazar nuevas ideas. Fomenta el sentido de la rareza y el deseo de explorar el mundo y aprender cosas nuevas. Participar en actividades creativas fomenta el sentido de la individualidad y el individualismo. Cuando se anima a los individuos a expresarse artísticamente, desarrollan un estilo y una vocalización únicos que reflejan su

personalidad. Esto lleva a descubrir la fuerza y la pasión individuales que pueden dar forma a la búsqueda personal y profesional. La creatividad fomenta la colaboración y el trabajo en
equipo. Cuando los individuos participan juntos en actividades
creativas, aprenden a comunicarse eficazmente, a respetar las
ideas de los demás y a operar hacia un fin común. Estas habilidades interpersonales son inestimables en todos los aspectos
de la vida, ya sea en el trabajo o en las relaciones personales.
La creatividad y el desarrollo de habilidades artísticas son cruciales para las personas de todas las edades. Participar en actividades creativas mejora las capacidades cognitivas, fomenta
el bienestar emocional y contribuye al crecimiento personal. Es
esencial que se estimule la creatividad y se fomente el desarrollo artístico desde una edad temprana. Los padres, profesores y
cuidadores deben proporcionar a los niños oportunidades de
participar en actividades creativas y explorar sus capacidades
artísticas. Las personas deben seguir cultivando la creatividad
a lo largo de su vida, ya que tiene numerosos beneficios para el
desarrollo personal y profesional. Al dar prioridad a la creatividad y al desarrollo artístico, los individuos pueden liberar todo
su potencial, enriquecer sus vidas y hacer una valiosa contribución a la comunidad.

X. CONCLUSIÓN

La creatividad es una faceta fundamental del desarrollo humano que debe cultivarse y fomentarse a todas las edades. Mediante la actividad y la experiencia creativas, el individuo puede expresarse, explorar su imaginación y desarrollar importantes habilidades artísticas. Al proporcionar oportunidades para que florezca la creatividad, podemos fomentar el aumento personal, mejorar la capacidad cognitiva y contribuir a una sociedad más vibrante e innovadora. Es esencial que el educador, los padres y la comunidad den prioridad a la integración de la experiencia artística y creativa en el plan de estudios y la rutina diaria. Fomentar un entorno de apoyo e inclusivo que valore y celebre la creatividad es crucial para promover el desarrollo artístico. Reconocer y valorar la creatividad como un esfuerzo importante para masas de todas las edades puede conducir a una sociedad más expresiva, diversa y culturalmente enriquecida. Es imperativo que sigamos dando prioridad y fomentando la creatividad como elemento vital del crecimiento individual y social.

LA IMPORTANCIA DE FOMENTAR LA CREATIVIDAD Y EL DESARROLLO ARTÍSTICO EN TODAS LAS EDADES

Es evidente que fomentar la creatividad y el desarrollo artístico a todas las edades es de la mayor grandeza. La creatividad no se limita a un grupo de edad específico; es una faceta fundamental de la naturaleza humana que debe cultivarse durante toda la vida de una persona. Al fomentar la creatividad, los individuos pueden desarrollar habilidades que pueden beneficiarles en diversos aspectos de su vida. El desarrollo artístico desempeña un papel crucial en el fomento de la autoexpresión y en la mejora del bienestar mental. Permite a los individuos explorar sus emociones, pensamientos y experiencias a través de distintos medios artísticos. El desarrollo artístico puede mejorar la capacidad cognitiva, como el pensamiento crítico, la resolución de problemas y la toma de decisiones. Al participar en actividades creativas, los individuos se enfrentan al reto de pensar fuera de la esquina y encontrar soluciones innovadoras a los problemas. Fomentar la creatividad y el desarrollo artístico a todas las edades favorece el crecimiento personal y el autodescubrimiento. Permite a los individuos descubrir su talento único, su fuerza y su pasión, y les anima a perseguir su empeño artístico. Participar en actividades creativas puede proporcionar a las personas un sentido de finalidad y realización. Les permite expresarse con autenticidad y contribuir a la sociedad de forma significativa. Fomentar la creatividad y el desarrollo artístico a todas las edades tiene numerosos beneficios sociales. Fomenta una cultura de invención y crecimiento intelectual, impulsando la progresión y el avance en diversos campos. También fomenta la comprensión y la admiración culturales. A través del arte, los individuos son capaces de comunicarse a través de diferentes lenguas, culturas y orígenes. La expresión artística tiene el poder de desafiar los estereotipos, fomentar el diálogo y promover la empatía y la consideración de perspectivas diversas. Fomentar la creatividad y el desarrollo artístico a todas las edades puede tener efectos positivos sobre el bienestar mental. Participar en actividades creativas puede proporcionar a las personas un sentido de finalidad y pertenencia, reduciendo el sentimiento de soledad y aislamiento. También puede servir como forma de terapia, permitiendo a los individuos proceder y curarse de las heridas emocionales. Se ha demostrado que la expresión artística reduce la tensión, la ansiedad y el desánimo, fomentando el bienestar general. Es esencial reconocer y valorar la grandeza de fomentar la creatividad y el desarrollo artístico a todas las edades. Al hacerlo, se brinda a los individuos la oportunidad de expresarse, crecer personalmente y despertar intelectualmente. La comunidad en su conjunto se beneficia de una cultura que valora la creatividad, ya que fomenta la invención, la comprensión cultural y un mayor bienestar mental. Es crucial que la institución educativa, la comunidad y los individuos por igual den prioridad y apoyen el esfuerzo por fomentar la creatividad y el desarrollo artístico en todas las etapas de la vida. Mediante este esfuerzo, se puede alcanzar el verdadero potencial de los individuos y de la comunidad, lo que conducirá a un mundo más vibrante, inclusivo y próspero.

REFORMULACIÓN DE LA TESIS

La creatividad es una faceta esencial del desarrollo humano, y es crucial fomentar y nutrir las habilidades artísticas en todas las etapas de la vida. Desde la primera puerilidad hasta la madurez tardía, los individuos poseen una capacidad única para pensar de forma creativa y expresarse a través de diversas formas artísticas. Fomentando la creatividad, las personas pueden liberar su potencial, mejorar su capacidad cognitiva y desarrollar una comprensión más profunda de sí mismas y del mundo que las rodea. Participar en actividades artísticas fomenta el bienestar emocional y sirve como válvula de escape para la autoexpresión. Es imperativo fomentar la creatividad y el desarrollo de habilidades artísticas en todos los grupos de edad, ya que contribuye al crecimiento personal, la interacción social y el enriquecimiento cultural.

LA SOCIEDAD DEBE PRIORIZAR Y APOYAR EL CRECIMIENTO ARTÍSTICO Y LA CREATIVIDAD EN TODAS LAS ETAPAS DE LA VIDA

Es crucial que la confraternidad dé prioridad y apoye el crecimiento artístico y la creatividad en todas las fases de la vida. Como se ha visto a lo largo de esta prueba, la creatividad y el desarrollo artístico tienen numerosos beneficios para las personas de todas las edades. Ya sea mediante el desarrollo cognitivo, la manifestación emocional o el bienestar general, se ha demostrado que participar en actividades artísticas mejora el bienestar físico y mental. Fomentar la creatividad desde una edad temprana puede conducir a un aumento de la capacidad de resolución de problemas y de la adaptabilidad, que son cada vez más valiosas en el mundo actual, tan cambiante. La obligación de fomentar el crecimiento artístico no recae únicamente en el individuo, sino también en la comunidad y el compañerismo en general. Es imperativo que las escuelas, los padres y los responsables políticos proporcionen los recursos y oportunidades necesarios para que los individuos exploren su talento y pasión artísticos. Esto puede ir desde implantar un programa integral de enseñanza artística en las escuelas, fomentar la colaboración entre el artista y la comunidad, o establecer financiación y apoyo para los aspirantes a artistas. Es crucial derribar la barrera y el estigma asociados a la búsqueda de una vocación en las artes, y cultivar un entorno que valore y apoye a las personas en su esfuerzo artístico. Al hacerlo, el compañerismo puede aprovechar el inmenso potencial que hay dentro de cada individuo, fomentando una civilización de creatividad, invención y crecimiento personal. Sólo reconociendo y dando prioridad al crecimiento artístico y a la creatividad podremos desbloquear realmente la fuerza transformadora que reside en cada uno de nosotros. Como dice el refrán: "El arte nos permite encontrarnos y perdernos al mismo tiempo". Abracemos y defendamos las artes, pues encierran lo fundamental para un mundo brillante, más armonioso e imaginativo. Cultivemos la creatividad y el desarrollo artístico en todas las edades, y juntos, pintemos una obra maestra de compañerismo.

BIBLIOGRAFÍA

Phyllis Gelineau. 'Integración de las Artes en el Currículo de la Escuela Primaria'. Cengage Learning, 1/1/2011

Robert Schirrmacher. 'Arte y desarrollo creativo para niños pequeños'. J. Englebright Fox, Cengage Learning, 1/1/2011

Roberta Michnick Golinkoff. 'Aprender jugando'. Cómo el juego motiva y mejora el crecimiento cognitivo y socioemocional de los niños, Dorothy Singer, Oxford University Press, 24.8.2006.

Elizabeth M. Allegretti. 'Mejora de las habilidades motoras finas de los alumnos de jardín de infancia mediante intervenciones de terapia ocupacional basadas en el arte'. Universidad Estatal de Connecticut Central, 1/1/2000

Instituto de Medicina. 'De las neuronas a los barrios'. The Science of Early Childhood Development, Consejo Nacional de Investigación, National Academies Press, 13/11/2000

Jean Van't Hul. 'El Padre Artista'. Formas sencillas de llenar la vida de tu familia de arte y creatividad, Shambhala Publications, 6/11/2019

Ann Pelo. 'Repensar la educación infantil'. Repensar las escuelas, 1/1/2008

Mindy R. Carter. 'El arte como agente del cambio social'. Hala Mreiwed, BRILL, 10/12/2020

Elif M. Gokcigdem. 'Fomentar la empatía a través de los museos'. Rowman & Littlefield, 19/7/2016

Robert Gibson. 'Salvemos las distancias culturales'. Un conjunto de herramientas para una colaboración eficaz en un lugar de trabajo global y diverso, Quercus, 3/8/2022

Ernst Wagner. 'Educación artística y cultural en un mundo de diversidad'. Anuario ENO 1, Lígia Ferro, Springer, 4/2/2019

Jacob Morgan. 'La ventaja de la experiencia del empleado'. Cómo ganar la guerra por el talento dando a los empleados los espacios de trabajo que desean, las herramientas que necesitan y una cultura que puedan celebrar, John Wiley & Sons, 1/3/2017.

Olivier Bouin. 'Un manifiesto por el progreso social'. Ideas para una sociedad mejor, Marc Fleurbaey, Cambridge University Press, 30/8/2018

Minghai Zheng. 'El poder de la innovación'. Aprovechar el potencial creativo de las personas y las organizaciones, Amazon Digital Services LLC - Kdp, 13/8/2023

Betsy McKenna. 'Taller de arte para niños'. Cómo fomentar el pensamiento original con más de 25 experiencias de arte procesual, Barbara Rucci, Quarry Books, 1/11/2016

Duffy, Bernadette. 'Apoyar la creatividad y la imaginación en los primeros años'. McGraw-Hill Education (Reino Unido), 5/1/2006

Bruce Robertson. 'El espejismo de la enseñanza 2: La enseñanza contraataca'. Hodder Education, 24/09/2021

Carl Patterson. 'Pensamiento Crítico y Resolución de Problemas'. Estrategias Avanzadas Y Habilidades De Razonamiento Para Aumentar Tu Toma De Decisiones. Un Enfoque Sistemático para Dominar la Lógica, Evitar Errores y Ser un Solucionador Creativo de Problemas, Publicación Independiente, 1/4/2020

Grégoire Borst. 'El Manual Cambridge del Desarrollo Cognitivo'. Olivier Houdé, Cambridge University Press, 3/3/2022

Ruchi Dwivedi, Tulika Saxena. 'Gestión empresarial e iniciativa emprendedora'. Ashutosh Priya, Publicación OrangeBooks, 26/7/2023

Brian Roet. 'La confianza de ser tú mismo'. Cómo aumentar tu autoestima, Little, Brown Book Group, 15/05/2014

Brian K. Hemphill. 'Los elementos del arte creativo y expresivo'. Una filosofía para crear todo lo artístico, iUniverse, 9/6/2011

Bonnie Thomas. 'Actividades de expresión creativa para adolescentes'. Explorar la identidad a través del arte, la artesanía y el diario, Jessica Kingsley Publishers, 15/06/2011

Betty Lelly. 'Autodescubrimiento espiritual y autoexpresión'. Charles Lelly, AuthorHouse, 25/11/2002

Steve Pavlina. 'Desarrollo Personal para Gente Inteligente'. ReadHowYouWant.com, 1/7/2010

Instituto de Medicina. 'Transformación de la mano de obra para niños desde el nacimiento hasta los 8 años'. A Unifying Foundation, Consejo Nacional de Investigación, National Academies Press, 23/7/2015

Nan E. Hathaway. 'El aula dirigida por el alumno'. Desarrollar habilidades de pensamiento creativo a través del arte, Diane B. Jaquith, Teachers College Press, 26/4/2015

Susan E. Jackson. 'La experiencia creativa de las artes visuales'. Una fenomenología de los adolescentes artísticos y sus profesores, Universidad de Houston, 1/1/2010